Le Recueil des histoires de Troye.

Le Recueil des histoires & singu-

laritez de la noble cité de Troye la grãde, nouuellemẽt
abregé, lequel contient trois Parties, desquelles la premiere recite amplemẽt l'histoire de Saturne & de Iupiter, & de leur antique progeniture & vertueux gestes:
Des proesses de Perseus, & cõment il cõquist la Royne
Meduse: de la haulte origine & merueilleuse natiuité,
aussi des renommez faictz d'armes du trespreux Hercules, & de sa mort. Et comme Iason par l'industrie de
Medée conquist la Toyson d'or. Et aussi comment la
cité de Troye fut trois foys edifiée, & par les Gregeois
trois foys destruicte. Auecques plusieurs aultres belles
histoires tant en la secõde que en la troisiesme partie en
belle ordre descriptes, & de tresbelles & elegãtes figu-
res (pour le solas & cõmodité des lecteurs) enrichiez.

On les Vend à Lyon chez Denys de Harsy.

Auec Priuilege.

La Description de Troye la Grande,

Premierement appellée Dardane.

Prologue declairant ce que contient le

Recueil des histoires de Troye la grande nouuellement abbregé.

Onsiderant que au temps present par l'inuention de la noble Art de Imprimerie, cognoissance de diuerses & exquises choses deuãt plusieurs ans passez faictes, non tant seulemẽt pour la recreation, mais aussi pour la grande cõmodité des hõmes, est mise en lumiere, & deuãt les yeulx des ingenieulx esperitz presentée, tellement que maintenant on peut recouurer liures, qui pleinemẽt traictent & determinẽt de toutes sciences necessaires à informer vng chascun à ciuilité, & honesteté de meurs. Pour induire doncques toutes manieres de gens, soient nobles, ou de moindre condition à euiter oysiueté nouerque ou marastre de toute vertu, & enflamber leurs cœurs d'ensuyuir le sentier qui donne à l'hõme nom perdurable, auons (selon la capacité de nostre entẽdemẽt) certains iours trauaillé à rediger en brief le Recueil

Prologue.

des hiſtoires de **Troye** la grande, lequel eſt diuiſé en trois parties, aornez de tresbelles hiſtoires anciennes: deſquelles la cognoiſſance donne plaiſir aux aureilles tant de ceulx qui les recitent, côme de ceulx qui diligémment les eſcoutent & mettent en memoire. Certes hiſtoires ſont de grande vtilité à ceulx qui à les ſçauoir & retenir mettét peine: car il eſt aſſez manifeſte que ſi les haultes entreprinſes miſes iadis en execution par hommes de nobles & vertueux couraiges n'euſſent eſté redigées en eſcript, ou bien petite ou par aduenture d'icelles nulle à preſent aurions notice. Ce bien dôcques nous ſont Chroniques ou Annales, ceſt aſçauoir que moiennant la lecture d'iceulx, auons memoire & pouons parler des choſes, leſquelles par longue eſpace des ans pieça paſſez, liſons en telle maniere, & par tel côſeil auoir eſtées & cômencées & miſes à fin. Pource ſi volons laiſſer teſmoinaige que ayons ſans pareſſe veſcuz, ſuiuir nous côuient le ſaige & bon propos du magnanime & tresfort Hercules, auquel en ſongeant furent demonſtrées deux voyes, deſquelles l'une (durant ſa vie) le menoit à tous plaiſirs s'il la vouloit enſuyuir: mais telles voluptés nul bon guerdon, ou nulles louenges ne luy rendoient apres ſa mort, ains ſi le chemin de telle voye eut tenu, il n'eut obtenu gloire, n'immortelle renômée apres ſa vie. L'aultre luy monſtroit trauaulx & grands labeurs, laquelle s'il ſuyuoit, la treſgrâde celebrité de ſon nom à tous temps debuoit durer. Laiſſant Hercules la voye qui conduiſoit à volupté que toſt eſt paſſée, ſuyuit celle qui promettoit que ſa renommée iamais ne ſeroit effacée, ou eſteincte apres auoir ſurmôtée les labeurs, deſquelz vne partie eſt récitée en ceſte premiere partie. La quelle côtient la genealogie de Titan & de Saturne, & auſsi de Iupiter. L'edification de Troye la grande. Faict auſsi mention du Roy Lychaon, & de ſa fille Caliſto. Des geſtes du valeureux Perſeus. De la merueilleuſe natiuité de Hercules, & comment il vainquit le Roy Laomedon, & deſtruiſt Troye pour la premiere foys, & cômment il conquiſt Priam filz de Laomedon, & le feit detenir priſonnier. La ſecunde partie difuſement traicte des labeurs du victorieux Hercules, lequel occit Laomedon, qui auoit inſtauré Troye, & l'auoit faict fortifier: laquelle Hercules deſtruyſt pour la ſecunde foys. Auſsi eſt faicte deſcription de la mort de Hercules. La troiſieſme partie conſequemment demonſtre la reparation de Troye faicte par Priam, & recite auſsi le bon conſeil du treſpreux Hector, & la viſion de Paris qui rauit Heleine femme de Menelaus: L'aſſemblée des Grecs pour venir à Troye: Les merueilleuſes proueſſes du treſuaillant Hector, & de ſes freres, leſquelles ſont treſdignes d'eſtre miſes en memoire. Apres eſt faicte mention du grand cheual de boys, & de la prinſe & vniuerſelle deſtruction de la noble Cité de Troye faicte par les Gregeois. Auſsi ſont eſcriptz les geſtes de Pyrrhus, & les merueilleuſes aduentures & perilz de mer qui aduindrent aux Grecs en leur retour. De la mort du noble Roy Agamênon, qui fut general Duc de l'oſt des Grecs. Les grandes fortunes de Vlixes qui fut occis par ſon filz.   Ie prie au beniuoles lecteurs de ſain iugement ce que leur ſemblera n'eſtre aſſes curieuſement correct en ce liure, lequel à l'inſtance de honeſte hôme Denys de Harſy à eſté ceſt an Mil cinq cens quarâte & quatre nouuellement abbregé, voloir humainement excuſer, & ayent touſiours deuant leurs yeulx, & ſemblablement en leurs penſées que en nul ouuraige humain peut eſtre trouuée perfection: laquelle ſeullement eſt propre au Roy des Roys. Duquel dict l'Eſcripture ſaincte que, Toutes choſes il a bien faict.

Omment apres que les enfans de Noë furēt espars en diuers Climatz & Regions, & ayant en diuers lieux edifiées & cōstruictes Villes, Citez, & Chasteaulx, & le tout diuisé entre eux, entre les possesseurs de l'Isle de Crete, s'esleua vng hōme, lequel aulcuns nōment Celion, & aulcuns Vrãnus, qui fut filz d'Ether, filz de Demogorgon. Cestuy Vrãnus eut à femme sa seur nōmée Vesca: & en eut deux filz, c'est asçauoir Titan & Saturne: & deux filles, c'est asçauoir Cybele & Ceres. Et pource que Titan l'aisné filz estoit laid & cōtrefaict, Vesca sa mere induicte par instinct naturel, aymoit mieulx Saturne, qui estoit tresplaisant & beau à merueilles: lequel pour sa science fut nommé Dieu: & fut le premier qui donna l'instruction aux hōmes de cultiuer & labourer les terres: qui pareillemēt trouua la maniere d'affiner L'or, & aussi le moyen de mettre en œuure toutes sortes de metaulx, cōme Argent, Plumb, Estaing, Cuiure, ærein, & aultres, dont premierement il feit plusieurs beaulx vaisseaulx, & aultres vtensilles propres & cōuenables pour seruir à l'hōme: & entre toutes choses dignes d'estre escriptes, il donna l'industrie à l'homme de dōpter, & vaincre les horribles serpens, & Griffons mortelz: tant que par sa grande & par tout estimée science plusieurs gens de diuerses & estranges contrées venoient à son eschole pour estre par luy instruicts & enseignez. Or en ces iours que Saturne florissoit en l'eage de vingt ans, & Titan son frere à quarante ans, Vrannus leur pere deceda, pour la succession du quel (la quelle appartenoit à Titan comme à l'aisné filz) fut meue noise entre Saturne & Titan, pource que Vesca leur Mere indeuement fauorisoit à Saturne, le voulant à la faueur du peuple tenir seul heritier de son pere Vrannus: dont Titan & Saturne furent long temps en grands debats, & dissentions: apres lesquelles touteffois, Titan meu par les supplications du peuple ceda la succession à son frere Saturne, pourueu que s'il se marioit il feroit morir incontinant tous les enfans masles qu'il auroit de sa femme.

Pres que Saturne eut iuré au Temple de Mars, qui estoit en la Cité
d'Oson que s'il se marioit il feroit morir ses enfans masles: Titan con-
tent de ce traicté de paix voyãt la grand faueur qu'vng chascun portoit
à Saturne, print sa femme & toute sa famille, ne volãt demourer comme serf soubz son frere, & s'en alla à ses aduentures en loingtains païs,
ou il trouua si bonne fortune, qu'il se feit Roy de plusieurs Royaumes, lesquelz
depuis il distribua à ses enfans, comme cy apres sera recité. Apres le departement
du quel, Saturne fut magnificquemẽt couronné premier Roy de Crete: lequel (couronné qui fut) faisoit tousiours porter deuant soy vne espée toute nuë en signe de iu
stice: & pour son bon regne & gouuernemẽt, aussi pour sa sapiẽce, le peuple de Cre
te en feit son Dieu: & cõmença à l'adorer selon la coustume de leurs temps: au quel
les hõmes estoient si malheureusement aueuglez en leurs sens, que facilemẽt ilz ado-
roient les hõmes pour leurs œuures & inuentions nouuelles. Dont facilement ceulx
de Crete à ce induicts fonderẽt incõtinant vng temple à Saturne, vng aultel, & vne
Idole, qui à vne main tenoit vne faulx, & à l'aultre vng serpẽt, qui mordoit sa queuë.
Et pour l'abondance de tous biens qui estoient en son temps, les ans de son regne
furent dictz les Siecles dorez, & bien heureux. Or Saturne se contemplant en vne
tresgrande felicité, c'est asçauoir d'auoir son peuple à luy si obeissant qu'il en estoit
adoré comme Dieu: voyant aussi que par son inuention la terre produisoit abon-
dãment tous biens necessaires à la vie de l'homme, ce neantmoins (toutes ces choses
bien par luy contẽplées) n'estoit vrayment ioyeux, pource que continuellement luy
souuenoit de la promesse qu'il auoit faict à son frere. Dont apres auoir menée vne
vie triste & peu plaisante, non obstant la dicte promesse par luy faicte & iurée au
temple de Mars, il fut incité de se marier pour auoir generation, & deuint amoureux de la belle & plaisante dame Cybele sa seur, de quoy fut fort ioyeuse Vesca sa
mere, & aussi tout le peuple de Crete.

Omment le Roy Saturne par le conseil de sa mere Vesca espousa Cy-
bele sa seur, la quelle au terme de neuf moys eut vng filz que Saturne
feit morir, cõme il estoit tenu par le còntenu du traicté qui estoit accordé entre luy & son frere Titan, qui auoit cõmis espies pour regarder si
Saturne se marieroit, s'il auoit enfans masles s'il les mettroit à mort. Et
cognoissant Saturne que sa femme pour la seconde fois estoit enceincte, desirant sça
uoir qu'il feroit du fruict du vêtre de Cybele, s'en alla en l'isle de Delphos, ou estoit
l'oracle du Dieu Apollo, lequel donnoit responses des choses futures à ceulx qui luy
en demandoient. Et quand il fut arriué au temple, il feit sa priere ainsi que la coustume estoit aux Payens de prier & saluer les Dieux: laquelle faicte, le Prebstre du temple le meist en vng pertuis qui estoit soubz l'autel de l'idole d'Apollo: & là luy fut
aduis qu'il ouyt vng gros & impetueux vent qui le meist en vne si grãd' frayeur, que
tout son entendement luy troubla: & luy sembla l'ors que le Dieu Apollo s'apparut
à luy en face terrible, hydeuse & espouuentable, lequel incontinant luy feit telle respõ
se: Saturne, tu as engendré vng filz, qui de ton Royaume de Crete te bãnira. la quel
le response ouye Saturne s'en retourna tout triste, se complaignant en soy mesmes
de la griefue & dure fortune que luy debuoit aduenir: & comme quasi sans espoir &
hors de toute ioye commença à dire: Helas, que me vault d'auoir esté couronné premier Roy de Crete? Que me sont profitables mes reuerēces diuines? Et de quoy me
seruent mes sciences & inuentions quand ie suys soubmis à la redargution de fortune? O fortune tu es bien instable & fragile, veu que par vne libere volunté tu m'as
dõné triumphe & gloire de couronne, & maintenant sans t'auoir en rien meffaict, tu
veux souffrir & permettre que ie soye par les miẽs iecté hors & bãni de mon Royau
me. Et ainsi se lamẽtant arriua en son palais, ou Cybele incontinent enfanta vne fille
& vng filz qui tousiours rioit: le quel Saturne vouloit faire morir, mais Cybele luy
saulua la vie.

R apres que Cybele seur & femme de Saturne fut deliurée de l'enfante
mēt d'une fille, & d'ung filz: la fille laquelle premierement nasquit, fut
par Ceres portée à nourrice en la cité de Parthemie, & eut à nom Iuno.
Le filz qui commença à rire à l'issue du vētre de sa mere, fut nōmé Iupi
ter: duquel Saturne voulut boire le cueur desmelé auecq̃ vin, & com
manda à Cybele qu'elle luy enuoyast pour le boire: mais Cybele esmeue de pitie en
uoya secretement le petit enfant aux deux filles du Roy Meliseus: lesquelles Vesca
auoit nourries, dont l'une auoit nom Amalthée, & l'aultre Melisée, leur requerant
qu'elles le feïssent nourrir sans le sceu de Saturne, qui derechief demanda le cueur du
petit enfant Iupiter. Or luy apporta Vesca vng breuuaige, luy donnant à entendre
que c'estoit ce qu'il demandoit: la quelle luy dict en larmoyant doulcement: Mon
filz, Cybele ta femme t'enuoie ce breuuaige, elle a auiourd'huy, comme bien tu es
aduerti, enfanté vne fille, & vng filz, dont elle a enuoié la fille à nourrice en la Cité
de Parthemie: & en l'obeissance de ton commandement dur & cruel, nous auons
deffaict le filz & mis à mort, du quel le corps, la chair, & les petis osseletz sont là en
cendres, cõuertis: & voicy son cueur destrēpé en vin comme tu l'a commandé pour
en faire à ton plaisir: par ce ne sois plus en doubte d'estre par luy iecté ou priué de
ton Royaume. Adoncques Saturne ouyes les lamentables & piteuses parolles de
sa mere, pensant qu'ainsi fut faict de son enfant comme elle luy auoit recité, plein de
grand' tristesse print le breuuaige, & le beut. Et dés l'ors en auant se voulut absten
nir de la compaignie de sa femme: mais comme il ne soit dueil si grand, qui par suc
cession de temps ne soit mis en oubly, Saturne peu apres auoir diminué son dueil,
& auecq' le temps auoir oublié la cruelle mort de son petit enfant Iupiter, commēça
à rendre le debit de mariage à sa femme, dont il eut deux filz, desquelz le premier,
fut nommé Neptune, & l'autre qu'il eut apres eut à nom Pluto: lesquelz la mere
subtilement saulua de mort.

Pres la mort du Roy Corinthus de Corinthe, ſes deux filz Dardanus & Iaſius voulurent ſucceder au Royaume: & ne ſe peurent accorder enſemble ; pour quoy Dardanus, qui ſeul vouloit iouir du
dict Royaume, tua ſon frere Iaſius en trahiſon: dont le peuple cõ-
meu contre luy pour la mort de ſon frere, le cõtraignit d'abandon-
ner le pais:ſi ſe miſt ſus mer auecq' aulcuns de ſes amys fuyant la fureur des Corinthiẽs:& feit tant par ſes iournées qu'il arriua premieremẽt en l'Isle de
Samos, ou il print viures, & fournit ſes nauires de toutes choſes q̃ luy eſtoiẽt neceſſaires pour nauiger:puis de là paruint en Aſie,ou il fit ſon habitation en vne terre cõ
tigue à la mer de Heleſpõte:& feit là cõſtruire & edifier vne treſgrãde Cité,en y aſſe
ant la premiere pierre,laquelle acheuée luy dõna en nõ Dardane, & les habitãs furẽt
par ce appellés Dardaniens.Or Dardanus apres auoir bien peuplée ſa Cité, il ſe feit
couronner Roy de Dardane,& ferma ſa Cité de foſſes & rempars. Apres la mort
du quel,ſucceda ſon filz nommé Erictonius,qu'il auoit eu de ſa femme Caudame:&
regna le dict Erictonius quarante & ſept ans en augmentant touſiours les Dardaniens. Lequel eut vng filz nommé Tros qui luy ſucceda,& fut Tros le tiers Roy de
Dardane,homme certes preux & hardy aux armes, tellemẽt qu'il augmenta fort ſa
Seigneurie & ſa couronne,tant que les Dardaniens le preferoient aux deux aultres
Roys qui par auant auoient regné , dont ilz voulurent que leur Cité fuſt appellée
Troye,& eux habitãs d'icelle, Troyens. La quelle Cité fut apres renommée, & ex-
altée ſur tous les Royaumes de Grece:de quoy Tantalus de Frigie eut grand' enuie,
tant que incontinant il print peine de trouuer la maniere cõment il pourroit eſtain-
dre la grand' renommée du Roy Tros, & de ſa Cité:& ſe miſt en auant pour ce faire
auecq' toute ſa puiſſance, comme cy apres eſt bien amplement deſcript ſelon l'hiſtoire ancienne:ainſi que verra le diligent Lecteur deſirant d'eſtre certioré des faicts
& magnanimités des Troyens & Gregeois.

A maniere de Tiſtre, & auſſi le moyen de faire armes trouué par la ſub
tile & ſaige vierge Minerue, fut eſmeu vne horrible & cruelle guerre
entre les Pellagiens & les Epiriens. La quelle guerre auoir long temps
durée, les Epiriens cognoiſſans que ceulx de leur party ſans cauſe l'a-
uoient commencée, recogneurent leur faulte: & allerent vers le Roy
Lichaon filz aiſné de Titan, qui regnoit entre les Pellagiens, luy requerants qu'il
voulſiſt condeſcendre à la paix de ces deux peuples: à la quelle requeſte s'acorda Lichaon par telle condition que les Epiriens luy bailleroient vng noble homme en
oſtaige pour en eſtre ſeruy quelque certaine eſpace de tẽps: ce que luy accorderẽt les
Epiriens, & luy enuoierent vng de leur gens pour le ſeruir comme dict eſt. Et quand
le terme fut paſſé les Epiriẽs s'aſſemblerent, & par meure deliberation de cõſeil, enuoierent vne Ambaſſade vers Lichaon pour traicter la deliurance de l'Epirien. Et
ceulx de l'Ambaſſade arriuez en Pelage, remonſtrerent au Roy que leur homme
l'auoit ſeruy le temps par luy accordé, & le prierẽt de le deliurer, & de ratiffier la paix
affin que plus fermemẽt fuſſent amys enſemble. Lichaon qui eſtoit fier, mauluais &
maling à toutes gens, les parolles de l'Ambaſſade ouyes, ne leur declaira aulcunement ſa cruelle pẽſée: mais ſoubz vne couuerte & feincte amytie leurs dict qu'il leur
feroit vng conuiue, & là leur ſeroit faict & accordé tout ce qu'ilz auoient demandé.
A ces parolles les Epiriens ſe partirent ioyeuſement de la preſence de Lichaon, &
conuindre le lẽdemain au cõuiue qu'il leur auoit preparé grãd, riche, & ſumptueux,
& du quel le cõmencement eſtoit beau & plaiſant, mais la fin fut treſcruelle & abho
minable, car il leur preſenta leur Epirien tout roſty dedãs vng plat. Adoncʒ les Epi
riens touts eſperdus, & quaſi hors de ſens de voir vng ſi abhominable faict, & certe
indigne de Roy, ne ſçauoient que penſer, ne fut le Ieune Iupiter qui eſtoit là, qui les
remit en bon ſens, concluant auecque eulx, que c'eſtoit vng acte, dont il failloit ſe
venger par guerre; ce que luy meſme entreprint, en ſorte que Lichaon fut par luy
deſconfit, & les Epiriens remis en leur liberté.

Ichaon deſconfit par Iupiter, les Epiriens ioyeux d'eſtre vengez de
leurs ennemys, menerent Iupiter auecq' grand triumphe au Palais penſant trouuer Lichaon, mais ilz ne le peurent oncques trouuer quelque
diligence qu'ilz feiſſent de le chercher, combien que en le cherchant Iupiter trouua ſa fille, qui eſtoit tres belle, & d'une couleur freche, & nom
trop vermeille : la quelle ſe nommoit Caliſto, & auoit voué virginité aux Dieux:
dõt elle requit aux Epiriens qu'ilz la pmiſſent entrer en religion, leſquelz remiſrent
ceſte requeſte de Caliſto du tout à la volunté de Iupiter, qui volant bien obtemperer
au vouloir d'une ſi belle & honneſte dame, la feit ſeurement conduire en la religion
aux vierges. Adoncques Iupiter feit ſaiſir par les Epiriens toutes les richeſſes qui
eſtoient au Palais: & demoura là long temps tant honnoré des Pellagiens & Epiriens, qu'ilz conclurẽt entre eulx de le couronner leur Roy: ce que Iupiter toutesfois
ne volut accorder, à cauſe des grandes enuies qui pour lors courroient ſur les regnes
& Royaumes, conſiderant qu'il eſtoit encore ieune, & ſubiect à fortune mobile &
inſtable: mais bien il accorda qu'il ſeroit couronal ou viceroy au Royaume, & en ceſte office fut homme de grand' iuſtice, doulx & de bonaire à toutes gens, aſçauoir
tant aux petits que aux plus grands: & tant aux poures que aux riches. Or ceſſant
toutes ces choſes, Iupiter n'auoit point tant mis ſon cueur à la politicque de ſon gou-
uernement, que bien il ne luy ſouuint de la belle Caliſto qu'il auoit faict conduire au
Temple de Diane, de quoy il ſe repentoit fort: car il ne pouoit aſſez penſer cõment
il pourroit acquerir ſa grace, & faire tant qu'il puiſſe conuerſer auecq' elle. Toutes-
ſoys ne trouuant aultre moyen, & plus expedient, il print habit de religieuſe faignãt
eſtre femme: & feit tãt qu'il fut receu au cloiſtre de Dame Diane: ou il feit ſa volunté
de Caliſto, & en elle engendra vng filz, qui eut nom, Archas.

Vpiter ayant faict son plaisir auecq'la belle Calisto, la quelle pour quel que pmesse qu'il luy feist, ne peut rēdre consentēte à son vouloir, ains auoit habité auecq' elle par force & nō par amour, dont doulent de cest oultraige, creignant Diane maistresse des vierges & religieuses de son temple, il regarda pour le mieulx qu'il s'en retourneroit en Pelage ainsi qu'il en estoit yssu. Et arriué qui fut, les Epiriens le receurent honnorablement: puis au quart iour ensuyuant apres auoir constitué gens pour illec gouuerner le peuple, il s'en retourna en la maison du Roy Meliseus qui le receut comme son filz, & pour ses biens faicts l'adopta en son filz. Or auecq' le temps le fruict que Calisto auoit en son ventre creut, en sorte que Diane & Athalantha auecques toutes les autres vier ges clerement apperceurent qu'elle estoit enceincte: si luy dict la deesse Diane, que plus ne pouoit estre de leur ordre, pource qu'elle n'auoit gardé sa virginité: & la mist hors de son cloistre, & de la compaignie de ses vierges: & combien que Calisto se excusa sur Iupiter qui l'auoit pris à force, ce non obstant elle fut condemnée à sor tir de la religion. La poure Calisto ainsi reiectée par Diane & les aultres vierges, triste & marrie s'en alla en vne cauerne, ou elle deliura d'ung filz qu'elle nomma Archas: lequel elle nourit entre les sauluaiges bestes de racines, fruictz, herbes, & des propres viandes & proyes dont les bestes cruelles & terribles viuoient: & n'y auoit beste aulcune qui luy messeist, ne qui feisse semblant de luy meffaire. Mais tant fut cruel & fier que en l'aage de sept ans il voulut tuer sa mere, tāt qu'elle fut cōtrain cte de s'enfuyr par les buyssons: & ne cessant son filz de la poursuyur e luy fut force de sortir du boys, & se retirer vers Iupiter, qui lors estoit en la Cité de Pellage: & poursuyuit le dict Archas sa mere Calisto iusques dedens le Palais. Ce que voyant Iupiter, cōme tout esperdu de veoir Calisto ainsi tourmētée (la quelle vraymēt ne cognoissoit tant estoit deffaicte & mal atournée) regarda Archas, & le fit prēdre, & incōtināt s'estre informé des fortunes & aduētures de Calisto fut fort ioyeux, & feit la paix entre elle & son filz Archas, lequel depuis fut couronné Roy des Pellagiēs.

N ce temps que Archas fut coronné Roy des Pelagiens, voyant Titan que Saturne son frere maisné ne luy auoit tenu promesse selon le côtenu du traicté accordé entre eulx, se partit de Sicile, en belle ordre, & auecq' grand côpaignie de gens d'armes, & montast sur mer, & en brief iours print terre en Crete; ou luy & tout son ost se ruerët apremët sur le pays, & chauldemët le gasterent iusques à la Cité de Crete que Saturne auoit faict edifier, en la quelle il se tenoit. Or le pays ainsi mal mené & conduict, Titan voyant qu'il ne pouoit plus passer oultre, sans auoir bataille, ou faire assault, manda lettres à Saturne telles parolles contenantes. Saturne ambitieux d'honneur mondain, & couuoiteux de glorieux nom, pour ce q̃ tu es iniuste occupeur de la seigneurie qui par droict est à moy Titan, ton seigneur & ton aisné frere. En oultre, & à cause que tu es faulx pariure: car ta femme a eu plusieurs enfans masles, que tu n'a pas occis, ainsi que tu y estois tenu, Sçaches que ie vien prendre la possession de ton regne non à toy appartenãt, mais à moy. Au moyen de quoy si tu ne te humilie, & ne me rend par amour ce que tu scez que iustement & par tout droict m'appartiët, i'emploiray toutes mes forces à te rẽdre le plus malheureux qui soit dessoubs les cieulx. Apres que Saturne eut leu ces lettres, côme bien esbahy de telles nouuelles retira à part sa femme Cybele, & luy demãda qu'elle auoit faict de ses enfans masles. Adoncq' la poure dame mua toute couleur, & se voyant contraincte de dire la verité, elle luy dict doulcement: Sire, n'eusse ie este en nature abhominable monstrée, si par ma main i'eusse deuoré les enfans de mon ventre? Ou est la mere qui ses enfans meurdrira? Et pour vous dire verité, i'ay eu de vous trois filz masles, lesquelz iay faiz nourrir sans vostre sceu: & si en ce i'ay côtredict à vostre cõmandement, ie l'ay faict à la faueur de nature: la quelle induict toute creature à aymer les siens. Saturne, ouyes les responses de sa femme, & auoir cõsulté son affaire auecq' messieurs de Crete, il se mist en bataille, & fut vaincu & pris prisonnier par les Titannois.

Pres que Titan eut vaincu Saturne, & l'eut faict mettre en ses prisons auec' Cybele sa femme: il se feit coronner Roy de Crete, & feit executer tous ceulx qui tenoient le parti de Saturne son frere: & quand Vesca leur mere veit la grande crudelité de Titan, & que pour quelque priere qu'elle feisse, elle ne le pouoit incliner à la deliurance de Saturne, elle enuoya q̃rir Iupiter, par vne damoiselle qui biẽ le cognoissoit, & de quoy elle fut fort ioyeuse. A tant se partit incontinant, & feit tant qu'elle arriua en la maison du Roy Meliseus. Et trouuant là Iupiter auec' le Roy les salua tous deux bien courtoisement, puis adressa sa parolle à Iupiter, & luy dict: Iupiter esiouy toy, ie t'apporte nouuelle de lyesse entremeslée toutesfois d'ung peu de tristesse. Fortune qui long tẽps t'a tenu ignorant du lieu de ta tresnoble natiuité, a permis maintenãt qu'elle te soit manifestée, & veult que tu sçaches que tu es premier filz du Roy Saturne & de dame Cybele. Le Roy Saturne debuoit (comme à tous il est manifeste) faire morir tous les enfans masles qu'il auroit de sa semence: suyuãt la promesse qu'il auoit faict à Titan son frere, dont au iour de ta naissance il commanda que tu fusse mis à mort, mais ta mere ayant pitié de toy t'enuoia ceans pour estre nourri sans son sceu. Or ces nouuelles, Iupiter, te deburoient fort resiouyr: Toutesfois Cybele ta mere te faict sçauoir qu'elle est detenue auec' Saturne es prisons de ton Oncle Titan: pour ce qu'elle ta faict nourrir: & a ledict Titan deliberé de les faire morir cruellement: Au moyen de quoy ilz te priẽt que tu te vueille emploier pour les deliurer du dãgier ou ilz sont. Adoncques Iupiter pour deliurer son Pere & sa Mere assembla gens de guerre, & manda querir son filz Archas, qui amena les Archadiens. Puis par le cõmandement de Iupiter s'en alla Archas vers Titan luy sommer qu'il deliura Saturne & Cybele, ce que ne voulut faire, mais vint en bataille contre Iupiter, qui tua Encheladus filz de Titan: puis occist Titan & Lichaon son autre filz, & deliura son Pere Saturne & Cybele sa mere des Prisons d'iceulx.

Typhon voyãt q̃ Iupiter auoit occis son pere Titan, & descõfiz les Ti-
tãnois, meu d'ung amour paternel dict rudemẽt à Iupiter: Tu as occis
mon pere, & mes freres par ton effort: il fault que nous voyõs à qui les
armes donnerõt ce Royaume ou à toy, ou à moy. Si ie te puis vaincre,
tu ne periras point par glaiue, mais par l'eaue du fleuue qui court tout
teinct du sang de mes parens & amys, affinque tu sois saoul du sang que tu as faict
courir de leurs corps. Or ce Typhon estoit fier & plein de grand' orgueil: & quand
il eust dict ce qu'il auoit sur le cueur, Iupiter luy respondit: tu ès fort de membres, &
croy que tu portes vng cueur plus oultraigeux que preux. Toutesfois puis que tu
demandes la bataille, tu sois le bien venu: & frape & fais le mieulx que tu pourras,
& nous hastons, car le cas le desire. Lors commença aspre guerre entre eulx deux: &
frappa Typhon d'une telle sorte Iupiter, qu'il le feit desmarcher du pied dextre: &
là estoient presents plusieurs Epiriens qui vouloient secourir à Iupiter, mais il ne le
voulut iamais endurer, ne permettre aulcunement qu'ilz s'aprochassent de luy, ains
les enuoya apres Meliseus & Archas qui chassoient deuant eulx les Titannois.
Ainsi Iupiter cammença à frapper sur Typhon, & aussi Typhon sur Iupiter si rudement que c'estoit chose merueilleuse de les veoir si vaillãment cõbatre. Mais tant
frappa Iupiter sur Typhon qu'il luy osta son espée & son escu, & puis le print &
chargea sur son col à force de bras, & l'emporta vers le fleuue qui estoit tout rouge
du sang des morts, & là le feit miserablement morir, le iectant dedans le dict fleuue
la teste dessoubs, pour ce qu'il l'auoit menassé de telle mort. Et peu apres Iupiter à
la requeste de Saturne son pere, s'en alla en Paphes ou il deffeit Apollo Roy d'icel-
terre, & le despouilla tellement de ses richesses, qu'il fut cõtraint de sortir de sa Cité
cõme vng poure simple hõme, & puis luy fut fortune s'i aduerse, qu'il se rendit serf
au Roy Amethus de Thessallie, pour garder ses brebis, & en ce temps vint en auãt
Esculapius filz du dict Apollo, lequel pareillemẽt fut mis à mort par Iupiter.

b ij

Vpiter ayant deſconfit Apollo, & occis Eſculapius qui combatoit cõ
tre le baſilicque, s'en retourna en Crete à grand gleire & triumphe: ou
il trouua Neptune & Pluto ſes freres, & Iuno ſa ſeur, qui luy feirent
grand' chiere, & fut la le tresbien venu: tant que Iupiter y demeura vne
eſpace de temps bien à ſon plaiſir, viuant ioyeuſement auecq' ſes freres, & auſsi cõuerſant familieremẽt auecq' la belle Iuno ſa ſeur: de la quelle tantoſt il
deuint amoureux, & Iuno pareillemẽt amoureuſe de Iupiter, & d'ung vray amour
s'entremerent, cõbien que pour ceſte foys les deux amantz ne ſe manifeſterent leurs
penſées: mais Iuno auec' toutes ſes Damoyſelles s'en retourna en la Cité de Parthemie: ou elle demoura tant eſpriſe de l'amour de Iupiter, qu'elle ne faiſoit aux Dieux
aultres prieres, ſinon qu'ilz luy donnaſſent grace d'eſtre femme de Iupiter: lequel de
ſa part ne demãdoit auſsi aux Dieux ſeulement Iuno pour ſa femme, tant qu'apres
que ſon pere Saturne fut reſtitué en ſon Royaume, & mis hors de la ſubiection de
Titan, il r'enuoya ſes gens d'armes chaſcun en ſon pays: & iour & nuict penſant à
la grãde beauté de Iuno ſoubz vmbre de deuotion ſouuent ſe trouuoit en la Cité de
Parthemie pour deuiſer, & ſe reſiouir auecq' elle. Et pour auoir meilleur occaſion
d'y aller, il y feit edifier vng temple, lequel il dedya à ſa mere Cybele: & la luy feit vne
ſtatue de femme en Royal atour, aupres de la quelle eſtoient pluſieurs aultres ſtatues
de petits enfans, en memoire de ce que ſa dicte mere auoit ſaulué la vie à ſes enfans.
Or ce temple acheué d'edifier pour faire la dedication d'iceluy Saturne & Cybele
vindrẽt en la Cité auecq' toute la nobleſſe du pays: & là feirent vne ſolennité qui du
ra quinze iours ou plus: ou eſtoient Iupiter & Iuno des premiers ſe iectant inceſſam
ment pluſieurs doulx regards amoureux l'ung à l'autre, tant que toute l'aſſemblée
bien s'apperceu que Iupiter & Iuno s'entremoient fort: dont incontinant tous les
nobles traicterent leur mariage, & les fiença le Preſtre du temple de Cybele, ou fut
en memoire des eſpouſalles erigée la ſtatue de Iuno.

Ous les triūphes du mariage de Iupiter auec' Iuno magnificquement
celebrez, Saturne & toutes ses gens s'en retournerent en Crete: & Iu
piter auec' Iuno s'en alla en la Cité de Parthemie. Or il fault entendre
que lors tout le peuple viuoit en grande tranquillité, & aussi en abondance de tous biens, voir sans prendre grand' peine à labourer & cultiuer la terre, comme refere le Poëte Ouide au premier liure de sa Metamorphose
parlant des quatre eages, dont le premier fut dict l'eage doré, ou quel regnoit ledict
Saturne, du quel les iours se fussent terminez en grande paix & bienheureté, si luy
mesme par ne sçay quelle superstition neusse cōmencé guerre cōtre son filz Iupiter,
qui l'auoit restitué en son Royaume, & mis hors des Prisons de Titan, cōme cy deuant est amplement declairé. Or donc' la cause qui meut Saturne à faire guerre, fut
quand il luy souuint de la respōse que luy auoit faict Apollo: asçauoir que Iupiter le
mettroit hors de son Royaume, tellemēt qu'il s'engēdra en son cueur vne mortelle
hayne contre Iupiter qui tant de biens luy auoit faict: & retourna en ses anciennes &
tristes fantasies & opinions, tellement qu'apres auoir determiné qu'il persecuteroit
Iupiter, il feit assembler tous ses Princes & Cōseilliers, pour leur cōferer de ses affaires: puis feit crier par toute la Cité de Crete à son de trompe, que à certain iour chascung se trouuasse en armes deuāt son Palais, pour le secourir contre son filz Iupiter.
De quoy ceulx de Crete furent tresdolents: toutesfois par le cōmandement de Saturne (combien que ce fut maulgré eulx) se mirent en armes, dont Cybele fort
desplaisante, enuoia signifier à Iupiter qu'il se partit de Parthemie, & qu'elle imagi-
noit que Saturne luy vouloit faire desplaisir. Si se partit de Crete auecque grosse armée le Roy Saturne, mōté sus son chariot, & vint deuāt la Cité d'Archade, & manda à Iupiter qu'il vint parler à luy: au quel Iupiter ne voulut obeir: dōt fort courroucé
il feit assaillir la Cité: mais les Archadiēs se defendirent s'i vaillāment auec' l'ayde de
Iupiter, qu'ilz tuerent plus de quatre cens des Saturniēs pour le p̄mier assault.

b iij

Es Saturniens deſconfits au premier aſſault qu'ilz feirent contre la Ci
té d'Archade, ilz ſe retirerent, & à grand' honte ceſſerent d'aſſaillir la
dicte Cité, dont furent fort ioyeux les Archadiens: & comme Saturne
bien animé, & par fureur quaſi hors du ſens entendit à faire mediciner
ſes gens, qui eſtoient naurées: les Archadiens enuoierent ſept de leurs
plus honorables Cõſeilliers vers Saturne en Ambaſſade: deſquelz vng parla pour
touts, & dict: Saturne, paix eſt la plus belle, & la plus vtile choſe que ſçauroit deſi-
rer l'homme en ce monde: pourquoy ne te cõuient guerroier contre ton filz Iupiter
qui t'a deliuré, & ta femme auſſi de la priſon de tes ennemys: tu es ſon pere, il eſt ton
filz: les peres naturellement doibuent aymer leurs enfans: meſme les beſtes brutes
tiennent ceſte cõdition de nature. Plus enuieilliſſent les hommes, & plus ſe font ſai-
ges: & maintenẽt tu as moins de cognoiſſance que n'auois en tes ans puerilles, D'ou
vient ce deffault? eſt ce par influance celeſte? S'il eſt ainſi, ou eſt raiſon, ou eſt equité,
ou eſt amour de pere au filz? Ne ſcez tu pas que ſi Iupiter ne t'euſſes ſecouru, tu fuſ-
ſes encore en tenebres lãguiſſant? Or ie te ſignifie de par luy qu'il t'ayme cõme ſon
pere, & d'aduentaige te prie que tu le laiſſes en paix: & que ſi aulcun bien au moins
tu ne luy veux, que tu ne luy faces aulcun mal. Adonc' Saturne reſpondit fierement
aux Ambaſſadeurs, & dict: Toutes les belles parolles que me ſçauries dire ne pourroient amollir mon couraige, ne me diuertir que ie ne mette voſtre Cité d'Archade
en perdurable ruine, pour ce que oultre raiſon eſt trop à moy deſobeiſſante. Ne vois
ie pas que Iupiter s'exalte le plus qu'il peult, comme voulant deſia ſe preferer à moy,
& me iecter hors de mon Royaume? Ne voiſie pas auſſi que tout le peuple d'Archade, cõme ſeduict par ſes blãdiſſements, l'a plus en faueur que moy? Ainſi Saturne demeurãt en ceſte opinion l'es Ambaſſadeurs s'en retournerẽt en Archade, & le
lendemain Iupiter, Archas & leurs gens ſortirẽt en ordre de la Cité: & y eut groſſe
bataille, ou Iupiter ſaulua Saturne ſouuent des glaiues des Archadiens: & ſe laiſſoit
frapper de Saturne ſans le frapper, mais ſe deſtournoit: & luy faiſoit bien pour mal.

Vand Iupiter eut faict son debuoir par plusieurs fois, d’escrier à son
pere Saturne qu’il se voulsist retraire, auãt q̃ la bataille allast pis, esmeu
à ce d’ung amour que doibt le filz au pere, voyãt qu’il n’en tenoit côte:
& non obstant que ses gens ne pouoient quasi plus resister, ne tenir
contre les Archadiẽs, toutesfois il ne cessoit de vouloir persecuter Iupiter: adonc’ Iupiter cõmença à emploier toutes ses forces, & feit tant par ses prouesses que la terre fut derechief arrousée du sang des gens de Saturne: le chariot du
quel fut mis en piece (anciennement les Roys se faisoient mener en guerre sus cha-
riotz non tirez à cheuaulx, mais à force & puissances des hommes) & furent finalement les Saturniens si mal menez par Iupiter, & si terriblement & asprement
chassez, que les vngs furent occis & tuez sur le chemin, & les aultres çà & la se sauluerent ainsi que leur estoit possible. Et entre les aultres Saturne fut de si pres pour
suyui & chassé, qu’il n’eust pas le loisir de retourner en sa Cité de Crete: ains luy fut
force de tourner à vng port, qui pres de là estoit ou il se saulua au moyen d’une nef,
qui y estoit toute preparée, en la quelle il se mist auec’ aulcuns fuyans. Ainsi se ter-
mina la cruelle bataille de Saturne contre Iupiter. Ce que voyant Archas hastiue-
ment s’en alla à Iupiter qui rassembloit ses gens, & luy dict côme Saturne & toutes
ses gens estoient tournez en fuyte, & comment ledict Saturne s’estoit saulué sus
mer auecq’ aulcuns des Saturniens, & feit ledict Archas assembler ceulx de son Cõseil pour determiner sur ceste affaire: lesquelz furent tous d’opinion que Iupiter s’en
iroit en Crete, & que là ilz le couronneroient Roy du Royaume de son pere, qui le
vouloit malicieusement & faulsement mettre à mort. A ce conseil s’accorda Iupiter,
& s’en alla en Crete accompaigné des Archadiens, ou honorablement il fut receu
pour Roy, & incontinent couronné par ceulx de Crete, ou furent presentes Vesca,
& Cybele mere de Iupiter: lesquelles muerent le dueil qu’elles auoient de l’infortune de Saturne, à grand’ ioye, voyant Iupiter couronner pour leur Roy.

OR Iupiter paisible Roy de tous le pays de Crete pour le cõmencement de sa domination monstra sa liberalité en distribuãt les thresors de son pere aux Archadiens: dont iceulx rẽplis de biens se donnerent du bon temps: pource escripuent les Poëtes, que Iupiter iecta les genitoires de son pere en la mer, dont fut engẽdrée Venus, c'ſt à dire, qu'il iecta tous les Thresors de son pere és ventres des hõmes, dont s'engẽdra delectation, qui est à Venus cõparée. Et en ce tẽps, en la Cité d'Arges regnoit le puiſſant Roy Acrisius, qui n'ayant qu'une seule fille appellée Danaé, de iour en iour alloit au tẽple prier les Dieux pour auoir vng filz, toutesfois ne furẽt ses prieres exaulcées, ains demoura sa femme sterile, tellement qu'il meist en sa fille tout son espoir, & son amour, tant qu'il ne pouuoit viure sans la veoir: & proposa en soy, que homme ne l'espouseroit s'il n'estoit le plus noble & le plus vaillant du monde. Or Acrisius, par ne sçay quelle ialousie, desirãt sçauoir la destinée de sadicte fille, s'en alla en l'Oracle du Dieu Belus, le quel luy feit respõce, que sa fille porteroit vng filz qui le cõuertiroit en pierre. Acrisius s'en retourna triste & pensif à son Palais. Et par succession de tẽps Danaé deuint femme, tellemẽt q̃ plusieurs nobles & vaillants personnaiges la demandoiẽt à femme à son pere: mais il la refusoit à tous, luy souuenãt tousiours de la respõce du Dieu Belus. Et pour euiter tous dãgiers il se pẽsa qu'il la feroit enfermer durãt sa vie en lieu fort sans y laisser entrer hõme q̃lconque. Et pour ce faire feit edifier vne Tour toute d'arein forte & puiſſante: laquelle paracheuée, & parfaicte Acrisius dict à sa fille: Ma fille tu sçez ce que me dict le Dieu Belus de ma p̃destinée infortune, qu'ĩd ie luy demãdoie de ta p̃sperité: ce me seroit vne chose bien cruelle si tu portoie fruict en ton vẽtre qui fut cause de ma mort. Et cõme ainsi soit que chascun naturellement ayme la durée de sa vie, ie ne t'ay voulu marier à hõme durãt ma vie: ains pour euiter tous dãgiers i'ay faict cõstruire ceste Tour, & veux que tu y sois enfermée. Ainsi fut la poure Danaé mise en la Tour auec' des vierges & matrones: ausquelles defendit Acrisius que homme ne parla à elle sans son sceu, sur peine de mort.

Omme Accriſius penſoit auoir p̃uenu à ſon eſperée infortune, d'auoir
mis ſa fille en la Tour d'arein, penſant qu'aulcun ne parleroit à elle ſans
ſon ſceu, le bruict en fut incontinant par tout le monde, tellemẽt que la
paouure Danaé, qui eſtoit ſi parfaicte que lors n'eſtoit poſſible de trou
uer ſa pareille, eſtoit regretée de tous ceulx q̃ oyoiẽt parler du grãd tort
que luy faiſoit ſon pere, & n'y auoit Roy ne prince qui voluntiers ne ſe fuſſe mis en
auãt pour la deliurer des priſons, tant que le noble Roy Iupiter oyant la recõmanda
tion de ſon exceſſiue perfection, ne ſe peult vng iour tenir de dire à ſa femme Iuno,
qu'il vouldroit que les Dieux luy euſſent dõne la grace, & le pouoir de deliurer ceſte
damoyſelle des mains du Roy Accriſius: Au moyen de quoy Iuno ſe doubta, que Iu
piter eſtoit amoureux de la belle Danaé, dont elle cõmença à ſentir les p̃mieres eſtin
celles de ialouſie, en iectãt infinies maledictiõs ſur ceulx qui en auoiẽt apporté les pre
mieres nouuelles à ſon mary, & qui de iour en iour luy en venoient dire nouuelles
certaines: car Iupiter y auoit mis ſi fort ſon cueur, que non obſtant le mariage con-
ſummé entre luy & Iuno, tous les iours il cherchoit les moyens comment il pouroit
parler à elle: & ne demandoit ſinon deuiſer auecq' ceulx qui en ſçauoient parler en
la verité. Par quoy Iuno non ſans cauſe eſtoit attainte de ialouſie: toutesfois toutes
ſes maledictions, & tous ſes couroux ne peurent deſtourner Iupiter de ſon propos,
& affection, ains elles croiſſoiẽt tous les iours de plus en plus, tant qu'il ſe trouua ſi
eſpris de l'amour de Danaé, que fut en luy toute contenance perdue, & cõclud qu'il
porteroit bagues, & riches Ioyaulx en ſi grand' abondance aux gardiennes de la dicte Damoyſelle, qu'il les conuertiroit à luy octroyer l'entrée de la Tour. Et apres
qu'il eut faict faire pluſieurs belles & riches bagues, il partit de Crete en habit de
meſſagier, & vint iuſques à la Tour d'arein: ou arriué qui fut, il ſalua pluſieurs matrones & vierges qui eſtoient à l'a porte prenant recreation, & leur auoir demandé
de la fortereſſe, & à qui elle eſtoit, faiſant ſemblãt qu'il en eſtoit ignorãt, il leur dict:
Iupiter Roy de Crete vous enuoye cez Ioyaulx, & ſe recõmande à Danaé, Ainſi receurent les Damoyſelles Iupiter, & ſes Ioyaulx.

APres que Iupiter fut retourné en Crete, & qu'il eut rememoré en soy
la grandeur & forteresse de la Tour d'arein, côme lieu imprenable &
inuincible par armes, tant pour le lieu ou elle estoit fondée, côme pour
ce qu'icelle Tour estoit prochaine de la Cité d'Arges: il considera en
soy mesmes que pour veoir Danaé, n'y auoit aultre moyen que de gaigner les vierges & matrones à force de dons: tellement que de rechef il feit faire bagues & Ioyaux beaulcoup plus riches que les premiers, & auec' ses habits dissimu-
lés pour la seconde fois s'en retourna à la Tour d'arein. Ou arriué qui fut, apres
auoir humblement salué les dames & damoiselles il leur dict: Dames & damoiselles le noble Roy Iupiter vous a tellement en sa grace, que auoir cogneu par bon ra-
raport que vous feistes grâd' feste des Ioyaux qu'il vous enuoya n'aguieres par moy,
de rechef il m'enuoie cy vers vous: & en son nom ie vous presente les Ioyaux qu'icy
sont, vous suppliât que le psent vous soit acceptable, & qu'il plaise tant faire enuers
vostre maistresse, que ie puisse vng peu parler à elle, pour l'aduertir d'aulcunes secretes affaires qui fort luy touchant. Adonc' les damoiselles s'adresserent à la vieille, &
luy côterêt de la venue du messagier de Iupiter, & qu'il vouloit parler à Danaé, pour
l'aduertir d'aulcunes affaires secretes, ce qu'auoit deffendu le roy Accrisius à la vieille & aultres matrones qui auoiêt la dicte Danaé en charge, sur peine de mort. Ce nô
obstât Iupiter feit tât par ses Ioyaux, & son beau parler qu'il gaigna la vieille & les
Damoiselles, tant que la vieille le print par la main, & le mena vers Danaé auec' ses
Ioyaux. Il ne fault qu'icy le lecteur oublie de penser quelle ioye, & quelle côsolation
pouoit lors auoir Iupiter, qui veoit la chose luy venir selon ses desirs & affectiôs: &
ne fault doubter que quâd il fut entré en la châbre de la noble Danaé, que sa ioye luy
augmêta, & son amour creut au double, en contêplant l'excessiue beaulté d'elle. Or
pour abreger le compte Iupiter feit tant que la nuict il feit son plaisir d'elle, & la
laissa enceincte d'ung filz, qui eut en nom Perseus: & le lendemain auoir conclud
auec' Danaé qu'il retourneroit à tout certain nôbre de gens pour l'emmener en son
pays, il print congé d'elle humblement, puis se partit pour retourner en Crete.

Omment apres que le Roy Tros eut nõmé sa cité Troye. & qu'il l'eut
fait fortifier & augmēter à son plaisir, tant fut sa renommée grãde que
les Roys ses voysins estoiēt mis en petite estime au regard de luy, voi-
re que les Troyens disoient que Tros leur Roy, par droit deuoit estre
preferé à tous princes tant pour son sçauoir, que pour sa grande har-
diesse & industrie aux armes: dõt les Roys ses prochains voysins cõmencerēt à mur
murer cõtre luy par enuie. Et entre les aultres le Roy Tantalus filz de l'Archadien
Iupiter Roy d'Affricque, print en grand despit l'honneur, & la preeminence qu'on
dõnoit à Tros, indeuemēt se luy sembloit, dont esmeu par vne mauldicte enuie feit
vne grãd' assemblée de gēsdarmes, & partit de son Royaume deliberé totalemēt de
destruire Tros, & de subuertir du tout & ruiner sa Cité tant estimée. Ce Tantalus
auecq' luy mena l'ung de ses filz nõmé Pelops, & l'autre laissa en Phrygie nõ encore
capable aux armes, qui eut nom Thiestes, qui eut depuis vng filz nõmé Philistenes,
qui fut pere de Menelaus mari d'Helene, pour laquelle fut faicte la troysiesme destruction de ladicte Cité de Troye. Or en retournãt à nostre propos, ledict Tãtalus
tant exploita auec' tout son ost qu'il descendit sus le territoire de Troye, en destrui-
sant tout ce qui estoit en sa puissance, & tant feit de maulx qu'en peu de tēps le Roy
Tros en fut aduerti, dont il ne s'esmeut q̃ bien apoint, car il se sentoit fort & puissant
pour resister à Tantalus. Si se part le dict Tros de sa Cité auec' trente mille comba-
tans, & alla droit ou les Phrygiens estoient entrez: & auoit en sa cõpaignie ses deux
filz: desquelz l'aisné estoit nõme Ilion, auquel du Ciel fut apporté le Paladium, &
le maisné estoit nõmé Ganymedes: ausquelz diuisa Tros son armée, & leur donna
douze mille hõmes, des plus puissants qui fusent en sa compaignie. Auec' lesquelz
Ilion & Ganymedes allerent assaillir l'ost des Phrigiens. Et quand ledict Tantalus
& ses gens veirent Ilion & Ganymedes auecq' gens tresbien equipées de toutes cho
ses necessaires aux armes: ce non obstãt ilz se preparēt pour se defendre des Troyēs.
Mais tant furent Ilion & Ganymedes preux & vaillans, qu'incontinant ilz tourne-
rent leurs ennemis à honteuse fuyte, comme cy apres est declairé.

OR apres que Tantalus, Pelops, & les Phrygiens ſe furent retirez de l’aſpre bataille, en la ꝗlle pour vng Troyen qui auoit eſté mis à mort, dix des Phrygiens auoient eſtez occis: Tantalus iecta ſes yeulx ſur ſes gens qui eſtoient tous enſemble, pour ſçauoir côme ilz s’eſtoiẽt portez, & quel nombre il en pouoit auoir perdu: & en approchant d’eulx auecq’ ſon filz Pelops, il côgneu que ſa puiſſance eſtoit plus amoindrie qu’il ne penſoit. Et l’ors ainſi que le iour leuoit, en viſitãt ſon oſt, il veit approcher le Roy Tros & ſes gens à grand’ puiſſance: dont quand il eut conſideré ſon euident dommaige, voiãt que ſes ennemys à cauſe du ſecours qui leur venoit, eſtoient plus fors que luy, tous deſconforts en luy amaſſez, il appella ſon filz & ſes principaulx amys, & leur demãda côſeil ſur ceſt affaire. Si luy côſeillerent d’entẽdre à ſe ſauluer, & que s’il attendoit les Troiẽs, il y auroit grand dômaige, & ſeroit cauſe de ſa deſtruction & de ſes gens. Tantalus par ce côſeil côgneu que ſon profit giſoit en vne honteuſe fuyte: & oultre luy eſtoit choſe manifeſte, qu’il ne pourroit abbaiſſer le renom du Roy de Troye: dont par impatiẽce ſe print par ſa lôgue barbe, & dict apres en frappant rudemẽt de ſon poing côtre ſon eſtomach, O mauldicte enuie, tu me promeſtois n’a gueires mettre les Troyẽs ſoubs mes pieds: mais ie côgnoy maintenãt ꝗ tu es faulſe & desloyalle, car contraint ſuys auec’ mes gens honteuſemeut m’enfuyr. Apres ſuyuant le côſeil de ſes amys, luy & tous ſes gens ſe mirẽt en fuyte: & Ilion & Ganymedes auec’ leurs gents coururent apres, & en grãde occiſion les deſchaſſerẽt hors du territoire de Troye. En ce tẽps que la Cité de Troye eſpẽdoit les raiz de ſa nobleſſe par tout l’uniuerſele ſiecle, Saturne iadis Roy de Crete nageoit ꝑ les mers, & auoit vne tresbelle & treſriche nef: lequel voyãt la grãde & admirable cité de Troye, vint arriuer au port pour ſe rauitailler: au quel le Roy Tros feit humain recueil: & luy promit dauantaige qu’il l’aideroit à le remettre en ſon Royaume de Crete, & pour ce faire luy donna Ganymedes accôpaigné de trente mille Troyens.

APres que Saturne eut amplemēt declairé au Roy Tros ſon infortune, & cõme Iupiter ſon propre filz l’auoit iecté hors de ſon Royaume: le dict Tros Roy treſnoble & plein d’humanité cõme quaſi eſmeu par pi tié, cõſiderant q̃ c’eſt cõtre nature à vng filz de ce rebeller cõtre le pere: dict à Saturne qu’il luy bailleroit Ganymedes ſon filz, auecq’ trente mille Troyēs, qui iuſques à la mort le ſecourreroit, ou le remettroient en ſon Royau me. Si feit eſquipper ſes nauires: & partirent Saturne & Ganymedes du port de Troye, & tant nagerent par mer qu’ilz arriuerent au premier port de Crete, & là feit prendre terre Saturne à ſes gens, pour entrer le plus ſecretemēt que faire ſe pourroit au Royaume de Crete. Or quand vng chaſcun fut bien eſquippé, ilz entrerent au dict Royaume: mais ilz n’eurent gueires auant cheminé que ceulx qui alloient deuãt pour cõduire toute l’armée reuindrēt incõtinant à Saturne & Ganymedes, leurs ſi gnifier que Iupiter bien accõpaigné gardoit le paſſaige. Il fault que le lecteur icy entē de que Iupiter s’eſtoit mis en armes pour aller querir Danaé à la Tour d’arein, cõme il luy auoit promis, ne ſe doubtant aulcunement de la venue de ſon pere Saturne, & des Troyens. Et ainſi qu’il ſe eſtoit preparé pour tenir ſa promeſſe qu’il auoit faicte à la dicte Danaé priſonniere en la Tour d’arein cõme deuãt eſt dict, les nouuelles vin drent à Iupiter que Saturne & les Troyens eſtoient venus pour l’aſſaillir, parquoy il fut cõtraint de chãger propos, & laiſſer là pauure Danaé, dõt il fut dolent à merueil les. Doncques pour retourner à noſtre ppos, quand Saturne & Ganymedes ſceurēt que le paſſaige eſtoit gardé, & q̃ Iupiter eſtoit aduerty de leur venue, Ilz feirēt arre ſter leurs gens, puis Ganymedes s’en alla à Iupiter luy ſommer la guerre, ou qu’il rendit le Royaume à ſon Pere: auquel reſpõdit Iupiter que qui l’aſſauldroit, il ſe def fendroit. A ce mot retourna Ganymedes vers Saturne, & iurerēt la mort de Iupiter, puis feirent marcher leurs gens à vng traict d’arc pres des gens de Iupiter, qui auecq’ ſoy auoit Ilion de Moloſſe accõpaigné de cent hõmes appellés Cētaures, qui n’ague res auoit trouue l’induſtrie d’apriuoiſer les cheuaulx, & de les cheuaucher: au quel le

dict Iupiter auoit donné la moytie de son armée en gouuernemēt. Or tant approche
rent Saturne & Ganymedes des gens de Iupiter, & dudict Ilion de Molosse, que facilemēt ilz s'entreueirent: dont incōtinant ilz se feirent signes l'ung à l'aultre qu'ilz
vouloient bataille. Par quoy Iupiter cōmença à picquer son cheual des esperons, auquel subitemēt aduint chose merueilleuse: car du plus hault des nues descendit vng
aigle sur son chef, qui puis se print à volleter au tour de luy cōme le festoiāt, & iamais
ne l'abādonna durāt la bataille. Par le vol de cest aigle Iupiter & ses gēs prindrēt en
eux esperāce de bōne aduēture: & Saturne & les troyēs s'esbaissoiēt fort q̃ ce pouoit
estre, & demourerēt tousiours en doubte de cest aigle qui cōtinuément suyuoit Iupiter par tout ou il se transportoit: si se meist Iupiter entre les Archiers des Troyens,
qui espessemēt tirerent sur luy: mais courāt cōme tempeste il passa leurs saiettes sans
estre dommaigé, & ne s'arresta qu'il ne fut entre les hommes d'armes de Troye, les
quelz n'auoient iamais veu homme à cheual: & par ce quand ilz veirent Iupiter ilz
pensoient qu'il fut demy hōme, & demy cheual: dont aulcuns legierement fuyoient
deuant luy: & les aultres attendoient sa venue, & se cōbatoient vaillāment cōtre luy.
Iupiter mis par terre plusieurs Troyens, & bien employa son cheual. D'aultre part
Saturne & Ganymedes emploirēt toutes leurs forces sur ceulx de Crete, sus Ilion
& ses Centaures. Toutesfois Iupiter se trouua là aux armes le plus expert de tous les
aultres, si qu'il n'estoit hōme qui ne demourast soubz le trenchant de son espée. Cōbien que si Saturne son pere se rencontroit deuant luy, il se destournoit tant que luy
estoit possible, disant que ia sur son pere ne mettroit la main. Mais quāt au reste (specialement quand il luy souuenoit de la belle Danaé, car desirāt estre quicte de ses ennemis pour entēdre à la deliurance d'elle, comme il auoit promis) il couppoit testes
& bras, sans aulcun espargner, & tousiours voletoit l'aigle enuiron luy puis hault,
puis bas, dont les Troyēs auoient grād despit. Lors sus le soir Saturne feit retirer ses
gens d'une part. Et Iupiter pareillement s'en retourna en sa tente, qui estoit faicte de
branches verdes, & encore le suyuit l'aigle, & s'assit sur la dicte tente. Or toute la
nuict Iupiter ne cessoit de penser à l'aigle qui si laborieusement l'auoit suyui durant
la bataille: tant que celle nuict il feit faire vne banniere, & au millieu feit mettre vne
aigle d'or, en commemoration de celluy qui le suyuoit: concluant par l'aigle qu'il viē-
droit à chef de tous ses ennemys. Ainsi se passa la nuict: & apres que Iupiter eut dili-
gēmment visité les naurez, il cōclud auec' Ilion que les Centaures auroient la bataille,
& que ceulx qui ce iour auoit cōbatu se reposeroiēt. D'aultre part les Troyēs ne dor-
moient pas, ains se trouuerent, enuiron soleil leuant, premiers sur les champs, bien
eschauffez d'auoir vengence de leurs ennemys, faisants grāds cris: & à ces cris Iupi-
piter & les Centaures prindrēt la bāniere à l'aigle d'or, leurs lances, & leurs escus, &
au son des trōpettes & clairons picquerent leurs cheuaulx si roidemēt, que courants
cōme s'ilz n'eusent tenuz n'a ci'el, n'a terre, il se bouterēt parmy les Troyēs, les portants par terre par grand' violence: tellement que Ganymedes y fut abbatu par Eson
qui fut pere de Iason. Dont Ganymedes se voulant venger, il choysit celuy qu'il
auoit abbatu entre les Centaures & luy feit vne grād' plaie, & à force de coups l'abbatit de son cheual, & monta dessus, & combien qu'il feit grandes vaillances: toutes
fois Iupiter se monstra si vertueux qu'en la fin Ganymedes mis par terre fut cōtraint
s'en fuyr, & se mit en vne nef: & le triste Saturne tout desesperé se mit en vne aultre,
partie de leurs gens auec' eulx se sauluerent, & les aultres furent cruellement mis à
mort par Iupiter & les Centaures.

Aturne doncques, Ganymedes & les Troyens deſconfits, & deſchaſſez, Iupiter & Ilion de Moloſſe remercierẽt leur Dieu de celle victoire:& cõclurent enſemble qu'ilz pourſuyueroient leurs ennemys en la
mer ce pẽdant que fortune leur eſtoit ,ppice, & fauorable. Toutesfois
Iupiter accorda ceſte pourſuyte oultre ſon gré: car il luy ſembloit qu'il
tarderoit trop, s'il entroit en mer, & q̃ ne pourroit eſtre vers Danaé au iour q̃ ,pmiz
luy auoit:ce nõ obſtant mãda q̃rir ſes Maroniers:puis entra au tẽple,& tãtoſt apres
l'aigle s'aſſit ſur l'autel: du q̃l il feit ſacrifice. Puis s'auoir recõmandé au Dieu Mars,
ſortit du tẽple, & tantoſt luy vindrẽt nouuelles q̃ ſes maroniers eſtoiẽt preſtz. Ainſi
s'en alla vers eulx, & mõta ſus mer accõpaigné des Cẽtaures, & de deux mille de ſes
hõmes de Crete, & naigerẽt ſi roidemẽt, qu'au bout de trois iours ilz apperceurẽt les
Troyẽs, qui pẽſoient de la nef de Iupiter q̃ ce fut Saturne: qui de hõte s'eſtoit abandõ
né aux vndes, & eſtoit tiré vers les partie occidẽtales:& auoir vng peu attẽdu il con-
gnerẽt que c'eſtoit Iupiter & les Cẽtaures. Par quoy Ganymedes cõme tout troublé
monſtra à ſes cõpaignons la bãniere à laigle d'or, & leur demãda qu'il eſtoit de faire:
leſquelz reſpondirent qu'il ne failloit attendre Iupiter, mais il failloit ſe ſauluer s'il
eſtoit poſſible pour le mieulx. Adoncques Ganymedes feit deſancrer pour nager à
Troye:ce que voyãt Iupiter & les Centaures, ilz cõmencerent à les pourſuyure diligẽment; tant que dura la pourſuyte trois iours & trois nuicts. Et quãd Ganymedes
au quatrieſme iour eut apperceu la Cité de Troye il fut fort ioyeux:mais toſt luy ſou
uint des hontes & pertes qu'ilz auoiẽt euez:& en fut ſi fort frappé en ſon cueur, qu'il
s'eſcria & diſt à ſes gens:Mes freres & mes cõpaignons, vous voyez le Roy Iupiter
qui nous faict vne grãde honte de nous chaſſer iuſques ſus noſtre territoire, maintenant ne cõuiẽt fuyr. C'eſt force & neceſſité q̃ vous prenez le frain auz dens pour vẽger nos pertes & noſtre ſang, & pour recouurer noſtre hõneur. Ainſi s'approche-
rẽt les vngs des aultres, & fut faicte entre eulx forte meslée:mais à la fin les Troyẽs
& leurs ſecours furent deſſaictz, & Ganymedes prins priſonnier par Iupiter: lequel
apres print ſon chemin pour aller à la Tour d'arein.

A noble Danaë demourée enceincte de la ſemence de Iupiter, comme dict eſt, apres que Iupiter s'en fut retourné en ſon pays, demoura longuement en eſperāce qu'il retourneroit vers elle à force de gens pour la mener en ſon Royaume: & en ceſte eſperance la belle Danaë montoit ſouuēt aux feneſtres de la Tour, & tournoit ſes yeulx puis ça, puis la ſur les chemins pour regarder s'elle verroit point les gens de guerre de Iupiter: celle eſperance luy dura iuſques au dernier iour que Iupiter auoit prins. Et ſur le ſoir de ce dernier iour voyāt qu'il n'eſtoit nouuelle de Iupiter ne de ſes gens, elle commença à plourer, & ſe griefuement contriſter. Icy ſeroit choſe par trop prolixe de reciter ſes grandes lamentations, & auſſi les reproches, que non ſans cauſe la paoure Dame pouoit faire à Iupiter. Parquoy entēde le lecteur que quelque triſteſſe ou doleāce de ſa fortune qu'elle eut en ſon cueur, la bonne Dame propoſa en elle de ne faire tort quelconque au fruict qu'elle portoit en ſon ventre, quoy que luy en deuſſe aduenir. Toutesfois le temps vint qu'elle ne pouoit plus celler le dict fruict qu'elle portoit: dōt renouuelāt la douleur qu'elle auoit que le Roy Iupiter ne la venoit querre, cheut en vne griefue maladie: dont les Damoiſelles qui rien ne ſçauoiēt de ſon cas, le manderēt au Roy Acriſius: le quel incōtinant la vint viſiter, & auecq' luy amena les plus ſçauants medecins de la Cité d'Arges. Leſquelz quād eurent viſité Danaë, dirēt au Roy qu'elle eſtoit enceincte, & q̄ bien toſt elle enfanteroit. Adoncq' la paoure Danaë, cōme certaine q̄ ſon Pere la condēneroit à mort, ſi le dict des medecins ſe trouuoit veritable, leur dict qu'ilz failloient à dire la verité, & que iour de ſon viuant n'auoit cogneu hōme. Ainſi nya ſon cas la dicte Dame le plus qu'il luy fut poſſible. Voyāt ces debats le Roy Acriſius, appella les plus ſçauantes matrones de ſa Cité, Leſquelles auoir veue Danaë, luy raporterent qu'elle eſtoit enceincte, dont le Roy eut grand douleur en ſon cueur. Et quand elle eut enfanté, il la feit mettre en la mer en vne petite naſſelle à la merci des vents & des vndes. Laquelle, aydant les Dieux, arriua au Royaume d'Apulie; duquel le Roy nommé Pilonius l'eſpouſa, & en eut vng filz nommé Danus.

Pres que Iupiter fut party du port de Troye,tenant auecq' foy Ganymedes prifonnier,côme dict eft,il feit à grand' diligence nauiger
fes maroniers,pour venir de bône heure au port de Crete, car il co-
gnoiffoit que le iour de la promeffe faicte à Danaé eftoit expiré, ce
que fort le contriftoit,veu qu'il ne pouoit amender fon tort. Or fes
maroniers ce premier iour nauigerent le plus diligêment que leur
fut poffible:mais au fecond la têpefte s'efleua fus la mer fi terriblement defmefurée,
qu'elle emporta les maroniers auecq' tous leurs inftrumês,& enfondra toutes leurs
nefz,exceptée celle ou eftoit le Roy Iupiter, tellement que luy & fes gens ne cuyde-
rent iamais mieulx morir:toutesfois côme tous efperdus,aydant les Dieux,fe trouuerent en eftrange contrée,afçauoir en la mer Occeane, penfant bien eftre en Euro-
pe,ou en la mer de Crete.Dont Iupiter fe voyant ainfi tranfporté par les vents, cômença à fe defconforter fouhaitant quafi iamais n'auoir efté né, confiderant qu'il ne
luy eftoit poffible de tenir promeffe à Danaé, Et ne fault icy oublier,de pêfer quelz
regretz, & quelles pleurs & foufpirs pouoit faire le noble Roy Iupiter, de faillir à
celle qui fi benignement l'auoit receu. Or pour abreger Iupiter ne demeura guieres
en l'Occeane:ains incontinant feit donner voile au vent pour nauiger en Crete: &
comme il uauigeoient par la mer Egée, le grand Larron & mefchant Pyrate Egeon
accôpaigné de fix galées vint affaillir Iupiter pour le deftrouffer. Si fe defendirent
vaillamment les gents de Iupiter, & auffi Ganymedes: tant que Iupiter luy donna fi
grand' coup qu'il l'abbatit comme tout eftourdy:puis Iupiter & Ganymedes entrerent dedans la Galée d'Egeon, & l'auoir prins prifonnier, ilz le feirent enchainer,
puis mirêt à mort toutes fes gents. Adonc' Iupiter recommença à nauiger toufiours
pour tirer en fon Royaume de Crete:& comme ilz nauigeoient,leurs vint au deuãt
vng Citoien d'Arges,qui dict à Iupiter que le Roy Acrifius auoit faict iecter en la
mer Danaé,& fon petit filz:dont il fut fort dolent.

Es nouuelles de Danaé entendues, Iupiter dict à Ilion de Moloſſe que ſon voyage d'Arges eſtoit rompu: ainſi il print congé de luy & de ſes Centaures, & ſe retira en ſon Royaume de Crete, ou y demoura long temps en grand regret de l'infortune de la belle Danaé. Touteſfois ce pēdant il habita auecq' ſa fame Iuno, de la quelle il eut vng filz, qui fut nōmé Vulcan: & pareillemēt congneut charnellemēt ſa belle ſeur Ceres, de laquelle auſsi il eut vne fille belle à merueille appellée, Proſerpine. Auecq' le tēps Vulcan creut, & fut grand & ſçauant nigromancien. Et en ce temps treſpaſſa en Heſperie vng Roy nommé Porcus, que les Heſperiens appelloient Dieu de la mer. Ce Roy laiſſa trois filles, qui furent toutes appellees Goŗgonnes, c'eſt à dire, Cultiuereſes de la terre, pource que leurs intentions ſeulement s'adonnoient aux choſes terreſtres & rurales. L'une de ces filles auoit nom Meduſe, l'autre Euriale, & l'autre Stēno. Me duſe cōme l'aiſnée par droit ſucceda au Royaume, laquelle les Poëtes diſoient auoir teſte de ſerpent: & ce pource qu'elle eſtoit ſouuerainement ſaige & ſubtille: elle en uoia requerre au Roy Neptune que luy fut permis entrer à Athenes, pour faire ſon oraiſon au temple de Pallas, qui nouuellement y auoit eſté faict: Si luy accorda Neptune, pourueu qu'elle n'auroit auecq' elle que ſes Damoiſelles. Apres Medu ſe s'en alla accompaignée de ſes Damoiſelles richement aornées: & entrerent de dens la Cité, & puis au temple, ou elle cōuertit les hommes & les femmes en pierres: ceſt à dire, que celle Meduſe eſtoit de tant excellente beaulté, que tous ceulx qui la re gardoient, s'adonnoient à couuoiter ſa beaulté, & ceulx qui s'adonnent aux delices du monde ſont cōparés à dures pierres, dont ne peult aulcun fruict venir. Or quand Neptune eut veue Meduſe, il en fut amoureux, & luy dict: il conuient par amour ou par force que vous ſoyez ma femme. Meduſe au moyen de ſa teſte ſerpentine, c'eſt à dire, de ſa ſaigeſſe, eſchappa des mains de Neptune, qui demoura cōuerti en pierre, c'eſt à dire abuſé. Ainſi retourna Meduſe en ſon Royaume, la quelle par ſon auarice feit apres pluſieurs exactions ſur ſes voiſins, voulant les rendre ſubiectz à elle: dont elle conceut l'inimitie de pluſieurs Roys, comme cy apres eſt declairé.

OR cõme Pilone Roy d'Apulie ouyt parler de la haulteſſe & oultrecui-
dãce de meduſe, de ſes rapines & de ſon auarice: il regarda q̃ ſeroit oeu-
ure vertueuſe de la corriger: celuy Pilon auoit auecq' ſoy le filz de Danaé ſa femme, cõme dict eſt deuãt, nõmé Perſeus filz auſsi de Iupiter:
lequel Perſeus prioit tous les Iours à Pilone, qu'il luy donnaſſe cõgié
d'aller chercher ſes aduentures. Par quoy Pilone & Danaé voyãt la dexterité, & le
bon vouloir de Perſeus ilz cõclurent de l'enuoier pour ſubiuguer l'oultrecuidee me
duſe. Dont Pilone manda querir gens d'armes, & feit preparer trente Galées pour
l'exercite de Perſeus. Et comme ledict Perſeus eut receu l'ordre de cheuallerie, auoir
prins cõgié du Roy, de Danaé ſa mere, & de toute la cõpaignie, il monta ſur mer: &
party du port d'Apulie, toſt nauigea à la haulte mer: & tant feit par ſes deuoirs, qu'il
ſe trouua en Aphricque, ou il ſe volut rafrechir à vng port pres du deſtroit de Gi-
baltar: mais le Roy Athlas luy refuſa la deſcẽte de ſon port: & là ne voulut Perſeus
emploier ſon armée, ains remit le voil au vent, & quiſt ſi longuemẽt le Royaume de
Meduſe, que tantoſt le trouua, & eut nouuelles certaines, que Meduſe & ſes ſeurs
ſeiournoient en vne Cité aſſiſe ſus le riuaige: Perſeus arriué au port de la dicte Cité,
Meduſe luy enuoya vng Heſperien, qui luy dict: Sire la vainquereſſe des hommes
m'enuoie à toy, pour ſçauoir quelle choſe tu viens faire en ſon pays. Meſſaigier reſpõ
dit Perſeus, l'ay intention d'affranchir les hõmes de la ſeruitude ou ta maiſtreſſe les
tient: & de faire, qu'elle qui n'a qu'ung oeil, ne les cõuertira plus en pierres, & que ſes
richeſſes ne ſeront plus cauſe de la perdition des cheualiers: car cõtre ſa ſerpẽtine ma
lice ie ſeray armé de prudence. Et veux qu'elle ſçache que demain, ſans aultre delay,
donneray l'aſſault à ſa Cité, ou cas qu'elle ne vienne contre moy en bataille. A celle
reſponſe s'en retourna l'Heſperien vers meduſe: la quelle auoir entendu le vouloir
de Perſeus, conclud auecq' ſes gens de ſortir en bataille contre Perſeus. Et cõme ſa
puiſſance fut aſſemblee, elle ſortit de ſa Cité ſus Perſeus, & les Apuliens, leſquelz
elle eut deſchaſſez, n'eut eſté Perſeus qui abbatit la banniere de Meduſe, & la rompit, puis tua vne de ſes ſeurs: ainſi elle vaincue, ſe ſaulua en ſa Cité.

MEduſe doncque', fut contrainĉte de ſe retirer en ſa Cité, & la pourſuyuit Perſeus ſi diligẽment, qu'il entra dedans auecq' elle, & la plus part
de ſes gens auecq' luy qui feirent tous ſi bien leur debuoir, qui meirẽt à
mort tous les hõmes defenſables qu'ilz y trouuerẽt affin qu'aulcune in
ſurreĉtion ne ſe fiſt cõtre eulx. Et Perſeus qui faiſoit tout hõme ſe rẽdre
a ſoy, trouua Meduſe, qui s'eſtoit muſſée dedãs vne ciſterne, à la quelle il couppa la
teſte: & du ſang qui en iſſit s'engẽdra Pegaſe le cheual volãt. Par ce eſt entendu qu'il
luy oſta ſon Royaume: & par le Cheual volant qui s'engendra du ſang eſpẽdu de ſa
teſte, eſt à entẽdre, que des richeſſes iſſans de ce Royaume, il fonda vne nef qui nõma
Pegaſe, qui vaulſt aultãt à dire cõme bõne renõmée: & celle nef fut cõparée à vng che
ual volãt, par ce que la bonne renommée de Perſeus fut lors portée de region en region, cõme ſur vng cheual volãt. Perſeus demoura certains iours pour chercher les
Threſors de Meduſe & de ſes ſeurs, & feit tant qu'il trouua pierreries, bagues, Ioyaulx & aultres richeſſes merueilleuſes: puis il ordõna gens pour gouuerner au Royaume de Meduſe. Ainſi le tout bien ordonné, ſe feit armer des propres armes de
Meduſe, & monta ſus mer, & ne ceſſa de nauiger iuſques au port de la Cité ou regnoit Athlas, ſe voulãt vẽger de luy deuãt que retourner en Apulie. Celle Cité s'appelloit Septe, de la quelle approchant Perſeus, le Roy Athlas cogn_ut les armes de
Meduſe, par quoy il cõiectura q̃ Meduſe auoit eſté vaincue, dõt eut grand' frayeur.
Ce nonobſtãt feit tres diligẽment preparer ſes gens d'armes, tant que Perſeus ne luy
peut nuire aulcunemẽt: car Athlas eſtoit ieune, fort de corps, & tres puiſſant de peuple. Parquoy voyãt Perſeus qu'il n'auoit gens aſſez pour cõuaincre le Roy Athlas,
il ſe retira en la haulte mer, & enuoya en Apulie au Roy Pilonne la moytie des Thre
ſors de Meduſe, luy declairãt ſes aduentures: & pareillemẽt le ſuppliãt qu'il luy en-
uoyaſt mille ſouldoiers. Le Roy Pilonne & Danaé eurent grand' ioye des bonnes
nouuelles de Perſeus, tant qu'en ſa requeſte ilz aſſemblerent quinze cens cõbatans,
qu'ilz luy enuoierent ſoubz la conduiĉte de leur propre filz Danus, lequel feit tant
auecq' Perſeus que Athlas abãdonna ſa Cité, & s'en alla en vne montaigne.

Anus & Perseus voyant Athlas & ses gens mis en honteuse fuyte, pre
mierement ilz les chasserĕt, iusques au mont ou ilz furent conuertis en
pierres, en taindant de leur sang les cauernes & buissons: apres ilz re-
tournerĕt en la Cité d'Athlas ou ilz ne trouuerent fors qu'aulcunes matrones anciĕnes, & aulcuns ieunes enfans, q menoiĕt vng grand dueil:
& apres que les Apuliens eurent pillé ce que bon leur sembloit, Perseus & Danus
auecq' leurs gens monterent en leurs Galées, pour nauiger en la haulte mer, & laisse
rent Athlas en vne mõtaigne ou il fonda vng Chasteau ou quel il demoura iusques
au tĕps d'Hercules, & estudia en Astrologie. En ce tĕps Iupiter feit alliance au Roy
Tros, au moyen de Ganymedes: & pour plus grãde fermeté de paix il donna à Ilion
vne vigne d'or la quelle il meit au Palais d'Ilion: tãtost apres morut le Roy Tros: &
Ilion fut couronné Roy de Troye: lequel eut vng filz nommé Laomedon. Or pour
poursuyure nostre matiere de Perseus doibt icy entendre le lecteur qu'en ce mesme
temps Acrisius grand pere de Perseus & pere naturel de Danaë fut mis hors de son
Royaume d'Arges par Pricus son frere. Ce Pricus auoit vne femme nõmée Auria
belle & ieune dame, la quelle se trouuãt nourrie plus delicatemĕt que n'auoit accou-
stumé, vng iour par ne sçay quelle cupidité regarda entre ses seruiteurs vng si accõ-
pli cheualier, que nature n'auoit rien oublié en la facture de son corps, tellemĕt qu'el
le s'en amoura de luy. Ce cheualier auoit nom Bellorophon, le quel pour quelque signe ou regard amoureux que luy feit Auria, iamais ne voulut cõdescendre à sa volupté, ains la fuyoit le plus qu'il pouoit: & par ce cõuertissant l'amour en haine, elle l'ac-
cusa deuãt Pricus son mari, disant que le Cheualier l'auoit volu enforcer: dont Bellorophon iniustement conuaincu par les faulses & iniques accusations de Auria, le
Roy Pricus luy dict: Bellorophon pour le crime du quel on t'accuse, tu es condĕné à
morir: mais par ce que i'ay eu grand amour en toy, en moderant c'este sentence, ie
t'ordonne que tu aille en Sicile combatre cõtre la Chimere. Si feit tost Bellorophon
le commãdement de Pricus: & en nauigeant pour aller en Sicile rencontra Perseus
& Danus: a l'aide desquelz il deliura Sicile des mortelles & cruelles bestes.

APres que le vaillant cheualier Bellorophon eut deliuré Sicile des four-
siers des Serpens, & Lyons, qui le pays rendoient inhabitable, Perseus & Danus qui l'auoiēt accōpaigné à ceste expedition (digne certe
de louange) prindrent les peaulx des Lyons, & les testes des serpens,
& les porterent en leurs Galées en signe de victoire : lesquelz incontinant se disposerent pour nauiger : & ainsi qu'ilz pensoient arriuer à Athenes, soudainement s'esleua vne tempeste sur mer, si grande, & tant impetueuse, qu'ilz passerent oultre & en peu de temps se trouuerent en Syrie sus la mer de Palestine, & par fortune arriuerent au port de Iopen ou regnoit le Roy Amon. Quand le dict Roy veit arriuer les Galées de Perseus, & veit aussi que ledict Perseus estoit tout chargé de Hurs de serpēs, & de peaulx de Lyons fut fort esbahy, Si s'enquist diligēment à qui estoiēt ces Galées, & d'ou elle venoiēt : auquel Perseus dict quelle estoiēt siēnes, & courtoisement luy demāda en quelle contrée il estoit arriué : & qui estoit celuy qui dominoit en icelle. À donc' le Roy luy dict que c'estoit Syrie, & que le Royaume luy appartenoit. Auquel quand Perseus eut declairé la verité de son voyage, il le receu benignemēt, & luy abandonna tout son pays pour refrechir ses gens. Et cōme Perseus ne vouloit descēdre de sa Galée, le Roy l'aduerty du grand monstre de mer, qui deuoit venir à l'heure pour deuorer vne ieune fille nommée Andromeda, fille, cōme recite Bocace, en beaulté tresexcellente : laquelle assés pres du port estoit liée sus vne pierre attēdant sa malheurée fortune. A ces mots le noble Perseus fut prompt de sortir de sa Galée, non pour euiter la venue du Monstre, mais pour aller veoir la belle Andromeda, la quelle il trouua si belle, qu'il demāda incōtinant à s'exposer pour elle, si on luy vouloit dōner à femme, ce que facilemēt luy accorderēt les parēs de la fille, qui là estoiēt gemissants & menāt grād' dueil. Dont incōtinant le noble Perseus fut armé, & deslia la Damoyselle, puis la rēdit à ses parēs, & peu apres sortit le Mōstre de la mer hurlant & menant grand bruict, cōtre lequel il se porta si vaillant, que bien tost il l'eut occis, dont il fut de tous grādement loué. Puis luy fut donnée la belle Andromeda pour femme, comme luy estoit promis.

A feſte & nopces de Perſeus & d'Andromeda expirées, Perſeus print
cõgié des Aſſiriens, & ſes Galeres regarnies de viures ſe partit de Iopen, & mõta ſus mer, menãt auec' ſoy ſa femme Andromeda, ſi luy fut
le vent ſi propice qu'en peu de temps il paſſa les mers de Syrie, & print
terre au port de Thebes, ou il fut receu courtoiſement par Creon Roy
de Thebes, auec' lequel print alliance, puis ſe partirent pour aller en Arges par terre
ſoubs la conduicte de Bellorophon, qui cognoiſſoit le pays. Et quãd ilz furent aſſés
pres, Perſeus enuoya Danus vers le Roy Pricus luy ſommer qu'il rendit le Royaume au Roy Acriſius. Auquel reſpondit ſuperbement Pricus, menaſſant de mettre à
mort Perſeus, & tous ſes gents, s'il ne ſe partoit du pais haſtiuemẽt. De quoy aduerty Perſeus, tãtoſt fut ſon oſt bien ordõné, & ſes gens armés & equippés pour aſſaillir le Roy Pricus, le quel bien toſt fut deſconfit & mis en honteuſe fuyte. Par quoy
Perſeus ſans contredit entra en la Cité, apres il enuoya querir Acriſius ſon grand pere, & le remiſt en ſon Royaume. Puis s'enquiſt le dict Acriſius des aduentures de
ſa fille Danaé, auquel Perſeus cõpta tout ce quil en ſçauoit, & tãt luy en dict qu'il fut
deſplaiſant de la rudeſſe qu'il luy auoit faicte: mais pour tout amẽder il adopta Perſeus en ſon filz, & luy donna à gouuerner ceſte Cité, & s'en alla ſolitairemẽt viure en
ſa tour D'arein. A tant Perſeus r'enuoya Danus en Apulie auec' Bellorophon, &
dõna grands threſors à ceulx qui l'auoient accõpaigné à ſes aduẽtures. Ainſi demoura en Arges auec' ſa femme Andromeda, dõt il receut Alceus qui engẽdra Amphitrion, & Electrion qui engẽdra Alcumena, de la quelle vint le noble & vaillant Hercules, qui premieremẽt mit Troye en deſtruction, cõme apres ſera declairé. Or pour
retourner à noſtre propos, Perſeus, cõme dict eſt, filz de Danaé, tua ignorãment le
Roy Acriſius ſe defendãt cõtre les Portiers de la Tour d'arein: dõt triſte & marri ſe
partit d'Arges, & s'en alla vers oriẽt auec' ſa puiſſance, ou par armes il conquiſt vne
partie dy pais qu'il nõma Perſepolis, puis occit Liber pater. Et lors il diſtribua à ſes
enfans tous ſes Royaumes, deſquelz maintenant nous ne parlerons, fors de Amphitrion, & d'Alcumena, qui eſtoit la plus belle dame qui fut en ſon temps.

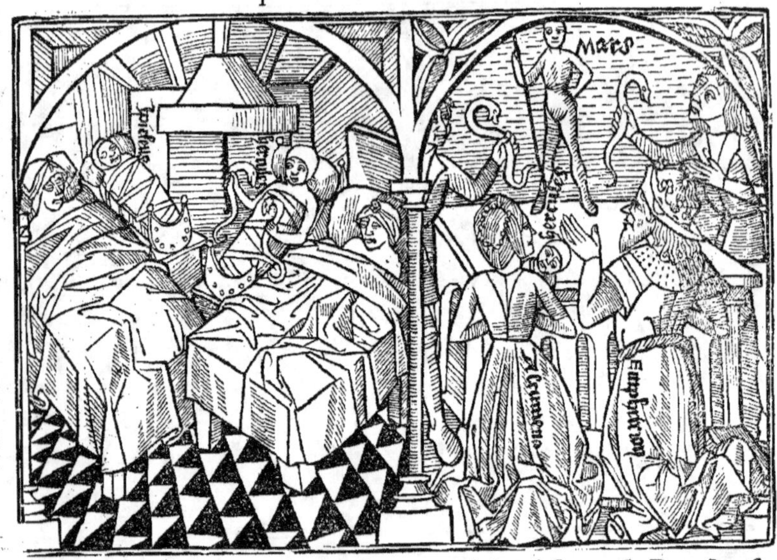

EN ce temps que Iupiter fut retourné des obſeques du Roy Acriſius en Crete, auec' Iuno & Vulcan ſon filz il practiqua la ſcience magicale: puis s'en allerent aux nopces d'Amphitrion, & d'Alcumena en la Cité de Thebes, ou y deuint incõtinent amoureux d'Alcumena: dont Iuno frappée d'une grande ialouſie, ſe delibera de la faire morir. Or Iupiter ne peult trouuer moyen d'oublier ceſt amour, pour quelques raiſons legitimes, qu'ilz luy venoient au deuant, & meſme quand il penſoit que Alcumena n'eſtoit ſi laſche de cueur, que ſciemment elle voulſſift faire tort à ſon mary. Si aduint qu'a la requeſte de Creon Roy de Thebes, Le Roy Amphitriõ laiſſa Alcumena ſa femme, au Chaſteau de Arcience, qui eſtoit aſſis entre les Cités de Thebes & Athenes, pour le venir ſecourir cõtre les Citoiens de Telleboye: dont Iupiter fut fort ioyeux: car ce pẽdant que Amphitrion dõnoit les aſſaults cõtre Telleboye, Iupiter & Ganymedes s'en allerent la nuiét au Chaſteau d'Arcience, ou Iupiter par ſon art magicale ſe trãsfigura en la forme de Amphitriõ, & Ganymedes en la ſemblãce de ſon eſcuyer, dont facilement leurs furent ouuertes les portes pour y entrer, car ceulx du Chaſteau pẽſoient proprement que c'eſtoit leur maiſtre. Ainſi feit Iupiter à ſon plaiſir d'Alcumena toute la nuiét, & la laiſſa enceincte d'ung tresbeaulx filz. La nuiét ſuyuãte vint Amphitrion, lequel pareillement engendra en elle vng aultre filz. Et quãd le terme d'enfanter fut venu, Iuno pleine de ialouſie par ſort d'art magicque empeſcha la paoure Alcumena d'enfanter, trois iours la tenãt les Iãbes croiſées en grãdes & exceſſiues douleurs: toutesfois le ſort finé, elle deliura premieremẽt d'ung filz de la ſemẽce de Iupiter, qui fut nõmé Hercules: & puis d'ung aultre de la ſemẽce d'Amphitriõ, qui eut à nom Iphiclus, Dont Iuno plus animée que deuãt pour deuorer les enfans d'Alcumena, s'en alla de nuiét, & iecta ſecretemẽt en la chambre ou eſtoient les enfans, deux grãds ſerpẽts leſquelz p̃mierement dõnerent l'aſſault à Iphiclus & le tuerẽt: puis vindrẽt au petit Hercules qui les empoingna ſi rudemẽt, qu'il lꝰ feit morir entre ſes mains, dont Emphitrion eſmerueillé d'une telle aduẽture, s'en alla auec' Alcumena au temple de Mars pour y preſenter Hercules, & les deux Serpens.

Es nouuelles de celle premiere aduenture de Hercules furēt en peu de temps efpādues par toutes les prouinces de Grece: & eftoit incertain entre plufieurs qui eftoit fon pere, parce que la ialoufe Iuno eftoit au temple de Mars quand il y fut prefenté, la quelle reprocha à Amphitrion qu'il n'eftoit pere de l'enfant, mais que c'eftoit fon mary Iupiter, ce qu'aulcuns tenoient pour vray cōme le recite Plaute en fa p̄miere comedie: & les aultres fouftenoiēt qu'il eftoit filz d'Amphitrion. Toutesfois Amphitrion (quand il eut ouy les propos de Iuno) fe print à cōfiderer en foymefme la façon de faire de Hercules, & iugea felon fon aduis qu'il auoit entieremēt la femblance & façon de Iupiter, on peult cōfiderer quelle doleance & melancolieufe ialoufie pouoit lors auoir le Roy Amphitrion, cō bien qu'il n'en feit aultre femblant: mais pria le Roy Eurifteus, puis qu'ainfi eftoit, qu'il voulfift nourir Hercules: ce qu'il feit de tresbon cueur: car il le print en fa gar- de, & le feit nourir foingneufemēt cōme s'il eut efté fon ᵖppre filz, au dehors de la Ci té d'Affricque. Car les Roys, Citoyens, & habitans es villes faifoiēt en ce tēps nour- rir leurs enfans hors des bonnes villes, & les faifoient coucher fur la terre nuds pour eftre plus forts, fans qu'ilz entraffent en la Cité iufques à ce qu'ilz euffent puif- fance pour frequēter les armes: cefte loy auoit efté ordonnée par Licurgus auec' plu fieurs aultres, defquellesv foiēt les Grecs ou tēps de l'aduenemēt d'Hercules. Et ainfi fut nourri, en vne maifon afsife en plains chāps, ou fouuētefois fut mis au vent & à la pluye, fi qu'en l'aage de fept ans il commença à s'exerciter à la luytte & toutes fortes d'armes, tellement qu'en l'aage de neuf ans fus le mont d'Olympus quinze iours at- tendit tous nobles venans pour s'efprouuer contre luy à la luytte, & à toutes fortes d'armes, & à ceulx qui y eftoient les plus vaillantz eftoient dōnés aulcuns pris felon l'ordonnāce de l'entreprife: dont furēt esleuz trois Roys pour en eftre iuges, Afça- uoir Creon Roy de Thebes, Gorgophon Roy d'Arges, & Efeon Roy de Mirmi- done, lefquelz entreprindēt l'affaire de bō cueur. Atāt cōmença Hercules à efprou- uer fes forces cōtre Thefeus filz de Egeus Roy d'Athenes, lequel biē toft il abbatit, puis durāt quatre heures ne ceffa de mettre par terre tous venans. Or la luytte ceffée Hercules fut baillé à Megera fille du Roy Creon, de la quelle il deuint amoureux.

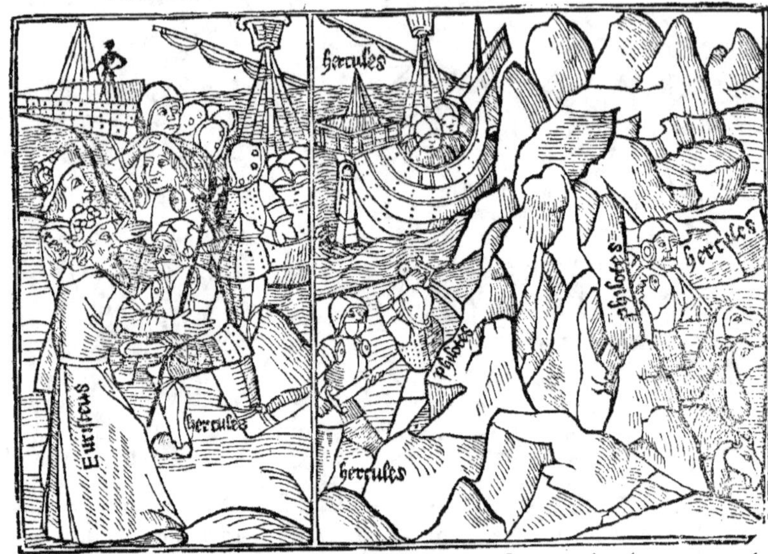

APres que les Olympiades de Hercules furent acheuées, tous ceulx qui y estoient se retirerēt, chascung en son pays: & mesme la belle Megera s'en alla vers Thebes auec' son pere, de la quelle estoit fort amoureux Hercules, tant qu'il ne la pouoit oublier, Toutesfois il print le chemin d'Athenes auec' le Roy Euristeus. Lors ceulx qui auoient assisté à l'espreuue des forces de Hercules en chemināt ne deuisoiēt, fors de la grāde prouesse & vertu qu'ilz auoient veu en luy, & le louoient sur tous les hommes du monde: si que d'une mesme opinion iugeoiēt que vrayemēt il estoit filz du Dieu de nature, & non filz d'Amphitrion ou de Iupiter: voyant la dexterité & force de son corps non encores veue semblable à homme du monde. Atant Hercules & le Roy Euristeus se trouuerent à Athenes, ou le Roy les festoya par quatre Iours. Et ce pendant la arriuerent estrangiers vestus de Robbes d'une laine riche & incongneue, lesquelz vindrent au Roy, & luy conterent qu'en Hesperie y auoit vne Isle fort plaisante, ou se trouuoiēt les montons qui portoiēt la laine dont estoit faictes leurs robbes: & que de la dicte regiō estoit Roy vng nōmé Philotetes, beau filz du Roy Athlas, q sont de la generation grecque: puis racōterent lesdicts estrangiers qu'en celle Isle croissoient tous biens que lon sçauroit pēser. Adonc' si Euristeus eut grand desir d'auoir de ses montons, encores desiroit plus le vaillāt Hercules d'aller en Hesperie pour en cōquester. Si se partit ledict Hercules incōtinant d'Athenes accōpaigné de Theseus & d'aultres Gregeois, & s'en alla en Hesperie par mer, & feit tant par ses diligences qu'il paruint en l'Isle ou estoiēt les montons: ou il trouua vng Geant qui gardoit le destroit du passaige, lequel bien tost il eut mis à mort, puis vint Philotetes voulant vēger la mort de son Geāt, mais tant fut preux Hercules, qu'incōtinant il eut vaincu le dict Philotetes, si le print à mercy & le receu cōme son serf, car ainsi l'auoient promis l'ung à lautre. Ce faict Theseus & ses compaignons furent fort ioyeux de la victoire qu'auoit eue Hercules. Atant s'en vont à leurs plaisirs visiter l'Isle, & feit prēdre Hercules trente montons & leurs femelles, & les porterent en vne nef pour les mener au Roy Euristeus.

Ercules donc' auec' ses montons, accompaigné de Philotetes se meit sus
mer pour s'en retourner à Athenes: & par fortune arriuerent au port de
Troye, & là feit encrer ses Galées pour se rafrechir & ses gens. Quãd ilz
furẽt descenduz, Hercules regarda les Troyẽs à costé, qui fort plouroiẽt
& gemissoient, il veit aussi entre tous vne tresbelle fille qui plus se tourmentoit q̃ les
aultres, la q̃lle on lioyt par violãce, ceste fille estoit Exione, fille du Roy Laomedon,
desconfortée certe, cõme celle qui plus n'attendoit que la mort. Hercules donc accõpaigné de Philotetes & de Theseus auec' ses mõtons s'aprocha plus pres, & meu de
cõpassion sus la Damoiselle, adreça sa parolle à Laomedon, cõme au plus apparent
de toute la cõpaignie, & luy demãda pourquoy on lioyt la dicte Exiõne. Adõc' Lao
medon luy dict q̃ par male destinée les Dieux auoient assubiectis les filles de Troye
à vng horrible monstre de mer, pour le salut de la dicte Cité, si qu'il failloit tous les
moys exposer vne vierge au dict mõstre pour appaiser l'ire des Dieux, & ce iusques
à ce q̃ Troye eut trouué hõme qu'il puisse mettre à mort celuy monstre par sa prouesse. Or mon filz (dict Laomedon à Hercules) maintenãt est cheu le sort sur ma fille,
veuille ou nom il fault qu'elle soit deuorée pour le salut de la Cité, qui m'est chose
trescruelle: Lors Hercules inclin naturellemẽt à ayder aux dames, dict à Laomedõ:
Sire, si ie puis mettre à mort le monstre, & sauluer vostre fille, quel loyer m'en vou-
lez vous dõner? Adõc' Laomedon demoura pẽsif long tẽps, pẽsant qu'il ne fut possible a Hercules de parfaire ce qu'il disoit, toutesfois luy dict: Amy, si tu peus faire ce
q̃ tu dis, i'ay deux cheuaulx les meilleurs qu'ilz soiẽt en tout le monde, cõme au plus
vaillãt des cheualliers ie les te donray. Atant Hercules entra en vng petit basteau, ou
estoit Exionne qui attendoit sa malheureuse destinée: Et bien tost apres la mer creut
par telle impetuosité que le petit basteau feut esleué par diuerses vagues, puis Hercules apperceu le desmesuré monstre venir droit à eulx pour engloutir Exionne, mais
tant fut habile & preux le dict Hercules qu'il l'en garda bien, & finalement feit tant
par ses prouesses qu'il le mit à mort: puis la mer retirée print Exionne par la main, &
la rendit au Roy Laomedon son pere.

d ij

Vand Laomedon veit ſa fille deliurée du Mõſtre, & ſa Cité remiſe en
ſa premiere liberté, il remercia grandement Hercules, puis deſcendit
ſus la riue de la mer accõpaigné de Theſeus, Philotetes, & des Troyẽs
pour allé viſiter le Monſtre qui eſtoit mort ſur le riuaige. Les vngs
ſe prindent à regarder les merueilleux coups que luy auoit donné Her
cules, les aultres cõtemploient la grandeur dudict mõſtre, tant que tous les Troyẽs
s'eſiouirent fort de ceſte haulte & incroiable victoire, & donnerẽt à Hercules l'honneur ſur tous cheualiers. Quand ilz eurent aſſés contemplé le monſtre, Laomedon
mena Hercules à Troye & les Gregeois de ſa cõpaignie, & les feſtoia en ſon Palais
comme il appartenoit. Et fut là Hercules quatre iours faiſant grand' chere, & ſe reſ-
iouyſſant. Durãt ce temps les Troyens petits & grands s'en alloient veoir le Mon
ſtre, & en donnerent tel loz à Hercules, que le Roy Laomedon en eut enuie: par ce
doubtant que le peuple ne le vouſiſt aymer plus que luy, dont il enuoya Hercules
& ſes gents à la chaſſe: & ce pendant il feit leuer les ponts, & fermer les portes contre
eulx. Et comme Hercules au retour de la chaſſe vouloit entrer, Laomedon luy parla
par deſſus les murailles: & luy dict qu'il eſmouuoit ſa Cité contre luy, & qu'il n'y entreroit plus. Dont Hercules fut bien courroucé, ſi requiſt au Roy qu'il luy feit deliurer les Cheuaulx qu'il luy auoit promis: Laomedon dict qu'il n'en feroit rien, & ne
peut auoir aultre raiſon de luy. Par quoy Hercules luy dict: Tu retiẽs, desloyal Roy,
le pris de mon labeur, & me rends mal pour bien, ie te iure la puiſſance de tous mes
Dieux, que cõme i'ay deliuré Troye par ma maſſue du Mõſtre de mer, & conſequẽ
ment du glaiue de peſtilẽce par celle meſme ie rẽdray Troye à la peſtilence de mort
& guerre, ſi les Dieux m'en donnent la grace. Et feray dire aux Troyens que ceulx
ont eſté bien heureux, qui ſont morts ou temps de la peſtilence paſſée. Laomedon
ne tint conte des menaces de Hercules, car il ſe ſeioit es forts murs de ſa Cité, & luy
ſembloit que nul ne luy pouoit nuyre. Atãt s'en retourna Hercules en ſes Galées por
tant auec' ſoy la maſſue de la quelle il auoit aſſommé le Monſtre de mer, ou il trouua

ſon bon compaignon Theſeus:& pareillement Philotetes qui ſe reputoit heureux
d'auoir eſté par luy vaincu,ſi que lors il print l'office de porter ſes armes toute ſa vie
en tous lieux ou iroit Hercules:icy on peult penſer quel dueil auoit Hercules, voyãt
la grande ingratitude du Roy Laomedon,pour le quel & pour ſa fille auoit mis ſa
vie à grand dangier ſoubz vne petite promeſſe,qu'il luy auoit faicte de ſes deux cheuaulx,deſquelz ſe ſouſcioit bien peu Hercules,mais le cueur quaſi luy creuoit quand
il penſoit à l'infidelité & desloyauté d'ung tel Roy, tant que Theſeus & Philotetes
ne le pouoient rapaiſer;combien qu'en eſperance de s'en bien venger,donnerẽt voil
au vent,& du port de Troye iuſques en Grece ne leur aduint choſe que ſoit digne de
memoire,ſi leur fut le vent ſi propice,& fortune ſi proſpere,qu'en peu de temps ilz
arriuerent en Grece, & leur dict on que Euriſteus eſtoit en Thebes, dont ſut fort
ioyeux Hercules,car il penſa que ſon amye Megera il ſeroit,& qu'il pouroit deuiſer
auec'elle,dont diligẽment naigerent vers le port de Thebes pour mettre pied à terre,& là vindrent incontinant Creon & Euriſteus auec' pluſieurs Roys & Ducs,qui
honorablement & ioyeuſement receurent le vaillant Hercules,lequel incontinant
fit preſenter ſes montons à Euriſteus par Philotetes,qui meſme recita cõment Hercules les auoit conquis,& luy auec,& comme il auoit tué vng fort & puiſſant Geãt,
qui gardoit le deſtroit du paſſaige de l'Isle aux mõtons , & que à ſon plaiſir il auoit
faict par toute l'Isle ſans contredit,& auoit prins des montons ce que luy auoit pleu.
De ces nouuelles fut treſioyeux le Roy Euriſteus , auſsi furent tous ceulx , qui là
eſtoient , & qui en ouirent parler , chaſcun glorifioit & grandement exaltoit Hercules. Apres doncques la preſentation faicte à Euriſteus de ces ouailles, & mõtons,
cõme chaſcun s'eſmerueilloit de la proueſſe de Hercules, Philotetes adiouſta à ſon
vaincqueur louenge ſur loz, & pris ſur pris. Car oyant Roys & Princes, dames &
damoyſelles,& voyant que Hercules taiſoit ce,dont il deuoit ambraſſer plus d'honneur,il declaira de poinct en poinct ſa non croyable aduẽture du Mõſtre de Troye,
& monſtra la maſſue dont l'auoit mis à mort. Puis leur racompta l'honneur & la
grace qu'il auoit conquis à Troye,& auſsi le tort que luy auoit faict Laomedon. Et
tant leur en dict,qu'ilz entreprindrent tous enſemble d'aller ſur le Roy Laomedon,
pour prendre vengence du tort qu'il auoit faict à Hercules.

d iij

La Premiere deſtruction De Troye,

Faicte par Hercules, & les Gregeois.

L n’est possible d’exprimer le grand & magnificque recueil que les Roys de Grece feirent à Hercules au retour de Hesperie, car oultre ce que par iceulx il estoit exalté par dessus tous les hômes du môde, ilz se reputoient heureux de regner en son temps. En Thebes ou il arriua le vindrent veoir tous les Roys pour luy faire feste, & entre tous aultres y vint Alcumena mere de Hercules: or on peult penser quelle ioye elle pouoit auoir, voyant son filz triumpher en puissance & honneur, en valeur & prouesse: la belle Megera aussi par grand’ ioye le vint veoir, dôt fut fort resiouy Hercules, car c’estoit bien celle qu’il aymoit sur toutes femmes. Or pour abreger nul d’eulx se souloit de regarder Hercules, & d’ouir les aduentures de son voyage de Hesperie, s’esmerueillant des montons qu’il auoit conquesté, lesquelz furent tant desirés, que les Roys & princes de Grece les achepterent au poix d’or: pour quoy les Historiographes mettants ceste conqueste en perpetuelle memoire, ont escript entre ses faicts, Sustulit ma la aurea. Ainsi doncques fut receu Hercules honorablement des Grecs: aux quelz quand il eut faicte sa côplainte de Laomedô, Creon, Euristeus, Egeus, Amphitrion, & plusieurs aultres vniz ensemble feirent leur assemblée de gents d’armes pour aller à Troye: & fut Hercules faict capitaine de celle armée, & môta sur mer accôpaigné des Roys dessusdicts, & de vingt mille côbatans, & en briefz iours arriuerent à Larisse, qui estoit du domaine de Troye, & la pillerêt, puis bruslerêt Thenedon, & en furêt portées les nouuelles à Laomedon, qui sortit de Troye auec’ cinquâte mille combatâs, desquelz il en menoit vingt mille, & Priam son filz qu’il auoit faict cheualier, en menoit trête mille: ainsi estoit son armée diuisée en deux parties seulemêt: & les Gregois auoient faict de leur ost quatre batailles: dont en la premiere estoit Hercules, en la seconde Amphitrion, en la troisiesme Theseus & le Roy Creon, & en la quatre estoit Euristeus. Hercules dôc’ qui estoit en la premiere bataille marcha quâd il veit qu’il en fut temps contre le Roy Laomedon, & tant cheminerent les vngs côtre les aultres que les Archiers & Arbalestriers commencerent la bataille, après que Hercules eut sommé Laomedon de luy payer ce que luy auoit promis, & que Laomedon en eut faict le refus. Les Grecs estoiêt garnis de plus forts arcs q̃ les Troyẽs, par ce ilz dommaigerent grandement leurs ennemys. Specialement Hercules, qui lors estoit le meilleur archier qui fut au monde, en mettoit par terre grand nombre: le traict faillit, Hercules donna son arc à Philotetes, qui portoit ses harnois, & print vng glaiue fort & dur, & entra dedens l’ost de Laomedon, & pareillement Laome don dedens l’ost de Hercules, qui se rencontrerent l’ung l’aultre, & s’entrefraperent si rudemêt, qu’il en feirent glaiues briser & voler par esclats: & lors s’esleua vne noise merueilleuse entre les Troyens & Gregeois: toutesfois les Grecs estoient plus robustes, plus forts, & plus durs aux armes que les Troyẽs; & mieulx s’entretenoiêt que ceulx de la bataille de Laomedon. Adonc’ Priam, vint au secours auec ses trête mille Troyens, qui menoient vng bruit merueilleux: & s’approcherent aussi du costé des Gregois Amphitrion & Theseus, & auec’ leurs gents se mirent asprement en la meslée, iectant à grand force leurs ennemis par terre. Lors Theseus le premier choisit Priam qui coucha sa lance contre luy, si l’assena si terriblement & de si forte puissance, qu’il le porta par terre: car il estoit monté sus vng des cheuaulx, q̃ Laome don auoit promis à Hercules: & dessus l’autre seoit Laomedô. Si rencôtra Hercules Priam qui faisoit merueille d’armes, & tost hôme & cheual mit par terre, & le feit de tenir prisonnier, dôt Laomedô seit tresgrâd dueil, tant q̃ voyant la descôfiture de ses gents, se mit en fuyte deuers Troye. Lors les Grecs de si pres suyuirent les Troyens qu'ilz entrerẽt dedẽs auecque eulx: & Hercules tout le p̃mier gaigna la porte, & mit dedans ceulx de sa cognoissance, & aussi ceulx qu'il luy plaisoit. Plusieurs Troyens passerent par le trenchãt de son espée, plusieurs s'en fuyrẽt par chãps & par buissons. Ainsi voiant Laomedon, qu'il estoit force que sa Cité fut prinse, & mise en la main de ses ennemys, tresdesconforté & desesperé print ses deux filles, asçauoir Exionne & Antigone, & ses plus principales besoingnes, & bagues, comme or, argent, habillemens & aultres choses, & s'en fuyt secretement, pensant bien que ses ennemys ruyneroient du tout sa Cité, comme ilz feirent. Car quãd Hercules eut mis les Grecs dedens Troye, il l'abandõna à piller, & la feit mettre à feu & à lespée, si que la plus grand' part des Troyens furent mis à mort cruelle, tant que le pauement des rues & quarreaulx des maisons furẽt trempés de leur sang, leurs maisons abbatues, & leurs grandes richesses pillées & robées. Et de toute la Cité rien ne demoura entier, fors le Palais d'Ilion, ou les Dames & Damoyselles s'estoient retirées. Lequel Hercules ne permist abbatre, par ce que les dames luy en feirent requeste. Or Laomedon ne se trouuoit pas, pour quelque diligẽce que feit le dict Hercules à le chercher, car cõme deuant est dict, il s'estoit secretement saulué auec' ses filles, & aulcuns de ses amys. Atant Hercules soulé du sang des Troyens, feit abbatre entierement les murs de Troye, qui auoient esté construicts des Pecunes, & oblations diuines, & ainsi fut Troye ruynée & destruicte par Hercules pour la premiere fois. Lequel apres auec' grand gloire & triumphe s'en retourna en Grece.

¶ Fin de la premiere Partie du Recueil des Histoires
de Troye, nouuellement abregé.

Sensuyt la Seconde Partie
du Recueil des Histoires
de Troye.

EN CESTE PARTIE SONT PREMIE-
ment descripts les victorieux labeurs & glorieux Gestes du preu &
magnanime Hercules, ia commencés en la premiere partie, la reedifi-
cation de Troye que feit Laomedon, & la Seconde destruction d'icel
le faicte par le dict Hercules. & aussi comment Priam la restitua,
& fortifia plus que n'auoit faict son pere, le tout de tresbelles & ele-
gantes Histoires enrichy.

Pres que Hercules eut ruynée Troye à ſon plaiſir (cõme il eſt dict en la pmiere partie) il s'en retourna en Grece, ou ſe tint aſſés long tẽps ſans faire choſe aulcune que lon treuue par eſcript. Et ce pendant Iuno pleine d'une vieille & enracinée ialouſie, qui par ie ne ſçay quelle mauluaiſe enuie s'efforçoit de trouuer moyen pour faire morir le vaillant Hercules; feit ſemblant de vouloir traicter la paix auec' Euriſteus, & ce ſeulement pour auoir acointãce auec' Hercules: ainſi mãda audict Euriſteus qu'il vint en Crete pour cõfermer la dicte paix: ce qu'il feit ce reſiouyſant du bõ vouloir de Iuno, car il ne penſoit qu'elle le feit par affection mauluaiſe: & mena Hercules en Crete auec ſoy. La paix faicte entre eulx Iuno s'accointa de Hercules, & luy commença a parler des troys Lyons de la foreſt de Nemée, deſquelz l'ung eſtoit de ſeze palmes de lõgueur qui deſtruiſoit & gaſtoit le pays: ſi dict la vieille Iuno à Hercules (ſoubz faincte de bon amour, car elle penſoit qu'il ſeroit deuoré des Lyons) qu'il allaſt pour ſon profict, & hõneur s'emploier à cõquerre, & tuer leſdicts Lyõs. A ces mots Hercules y alla accompaigné ſeulemẽt de Philotetes de Heſperie, & cõme il entra en la foreſt, vng paſteur nommé Molorchus, qui eſtoit monté ſur vng grand arbre, eſcria à Hercules, que s'il paſſoit oultre, qu'il eſtoit mort: car il y a (dict Molorchus) là pres trois Lyons, qui gaſtent tout le pays, & m'ont mẽgé vng grãd tropeau de beſtes que i'auoie, & ont deuoré toute ma famille, & me ſuys ſauluê ſus ceſte arbre: par ce eſtoit le dict paſteur, contrainct de viure des glands & fueilles du dict arbre, car il n'auſoit deſcendre, craingnant eſtre deuoré cõme ſes beſtes. & ainſi que parloit Molorchus les Lyons ſortirẽt d'ung buiſſon marchãt cruellemẽt cõtre Hercules. Philotetes eut ſi grand paour qu'il monta ſur vne arbre; & Hercules conſtãment les attẽdit, & receut pluſieurs playes de leurs griffes: mais tant feit le vaillãt Chãpion qu'il tua les deux petits de ſon glaiue: du quel le grand ne peut dõmaiger, ſi luy donna tel coup de ſa groſſe maſſue, qu'il luy rompit tous les dents de deuãt: & cõme il ſe vouloit iecter ſur luy, il cheut à terre, & l'empoingna Hercules par la corge ſi rudement, qu'il luy rompit les machoires, & l'occit: ce faict il s'en retourna en Crete vers Iuno, & luy monſtra les Peaulx des Lyons qu'il auoit occis.

Ercules vaincqueur des horribles & dõmaigeables Lyons, auec' Philotetes s'en retourna en Crete vers Iuno, la venue du quel la rẽdit plus
ennuyeuse que ioyeuse: car elle ne pẽsoit que Hercules retournast de la
forest de Nemée: ains desiroit qu'il fut deuoré & englouftis desdictz
Lyons, desquelz Hercules en tesmoignage de la victoire luy en appor
ta les peaulx. Par quoy Iuno imaginãt aultre moyen pour le faire morir, commença
reciter de la grande captiuité & misere des Egyptiens, & mesme d'ung Geant nõmé
Busire fort & puissant, filz de la Royne Lybie, qui lors regnoit en Egypte: soubz le
regne duquel la terre d'Egypte fut sechée: Si eut respõce Busire q̃ pour auoir rousée,
il falloit qu'il sacrifia aux Dieux en sang humain: dont il espancha long tẽps le sang
des Egyptiẽs, en faisant sacrifice aux Dieux, par ce toutesfoys ne fut la terre d'Egypte arrousée de l'eau du ciel. Les prestres & clers lors se mirẽt en prieres, & demãde-
rent aux Dieux à quoy il tenoit que l'eau ne descendoit du Ciel, pour arrouser leur
terre: ausquelz les Dieux respõdirent qu'il falloit faire sacrifice en sang estrãgier: &
nõ au sang des Egyptiẽs. Si feit Busire vng edict par toute la Regiõ, qu'il feroit morir tous les estrãgiers qu'il pouroit attraper, & en leur sang feroit sacrifice aux dieux:
tellemẽt qu'il en feit morir plusieurs nobles des pays circonuoisins: & entre les aultres y morurent aulcuns du lignaige de Iuno, qui en fut tresdolente. A tant pour venir à son poinct Iuno, tint propos à Hercules de ses parents qui auoient esté mis à
mort en Egypte, luy disant qu'il debuoit aller conquerre le tyrant Busire, & à ces pa
rolles tost fut conuerty le noble Hercules, qui entreprint l'affaire tresvolũtiers: dont
Iuno fut fort ioyeuse, car elle pensoit que Hercules seroit mis en sacrifice en Egypte.
Or se partit Hercules, & vint premierement à Memphys, qui est Cité d'Egypte, ou
demouroit Busire: qui par grãd' rudesse vint à Hercules pour le mettre à mort: mais
tant fut preux le noble Hercules que de sa massue il abbatit Busire, & à grãds coups
luy rompit les costes: puis tout vif le chargea sur soncol, & le porta sur l'aultel, & en
feit sacrifice aux Dieux, ainsi cessa la secheresse en Egypte, car Busire estoit estrãgier:
dont furent fort ioyeux les Egyptiens.

Es Egyptiens volurent fur eulx côftituer Hercules pour leur Roy, par ce qu'ilz eftoient deliurés de la Tyrannie de Bufire par fon moyen, & côfequêment par luy l'ire des Dieux fut fur eulx appaifez, dôt leur terre fut arroufee de l'eau du Ciel, tât qu'elle porta fruicts, & toute chofe neceffaire à la vie de l'hôme, ce q̃ ne volut accorder Hercules, mais ordôna Iuges pour les gouuerner, & mit tout le pays d'Egypte en paix & trãquillité, puis s'en retourna en Crete vers Iuno, qui en fon cueur eut grãd dueil de le veoir (cõbien qu'elle n'en feit aulcũ femblãt) car elle pêfoit q̃ le Geãt Bufire en feroit facrifice aux Dieux: mais côtre l'efperãce de l'enuieufe Iuno, Hercules auoit appaifee l'ire des Dieux par le fang de Bufire, & ainfi de tant plus qu'elle le penfoit abbaiffer, de tant eftoit plus caufe de fon exaulcemẽt, & de l'accroiffement de fon honneur. Or ne fut elle tãt marrie de la venue de Hercules, qu'en fut ioyeux le Roy Creon, quãd il ouyt côpter de fes prouefles & vertus: vers le quel s'en alla Hercules pour luy demander fa fille Megera en mariage, que tant il aymoit: ce que le Roy Creon luy accorda de bon cueur: & furent faictes les efpoufailles à grand triumphe. Puis fut determiné iour pour faire ioufles par le confeil de Creon, dont fut fort ioyeux Hercules: Si manda à tous les Roys & princes de Grece, & les pria ledict Creon d'affifter à la cheualerie d'ung noble homme qui tiendroit les rencs à vng iour determiné pour fournir tous les venans à la ioufte. Lefquelz ne faillerent de fe trouuer à la iournée affignée, & entre aultres y furent Thefeus Iafon, & Pirithous. Hercules les mit tous par terre, & plufieurs aultres cheualiers qui y affifterent, fors Iafon qui demoura fur les rencs auec' luy. Et pour la force qui trouua en luy, depuis toufiours l'ayma. Les ioufles finéez les Princes, Ducs, dames & Damoyfelles monterent au Palais: là vindrent ceulx d'Iconie qui esleurẽt Hercules pour leur Roy, au quel lors fut donnée par le Roy Creon la couronne de cheualerie. Ce faict les eftrãgiers furẽt opulêment feftoyez & regraciez de leur affiftence: puis fur la fin du côuiue Pirithous pria à toute la côpaignie d'affifter à fes nopces en Theffalonicque à vng iour nômé, Adonc' chafcun s'en retourna deuifant des prouefles & vertus de Hercules.

Ercules donc' demoura vng temps prenant ſes plaiſirs auec' ſa femme
Megera: ſans s'emploier à choſe que ſoit digne de memoire, ou q̃ lon
treuue par eſcript: par quoy luy ſouuenant de la promeſſe qu'il auoit
faicte à Pirithous, cõſiderãt q̃ le iour de ſes nopces & de Hyppodamie
approchoit, il ſe diſpoſa pour y aller, & ſe miſt en chemin auec' Philote
tes: & à l'aduenture il n'oblia pas de prẽdre ſes armeures de peau des Lyons de la foreſt de Nemée: dõt ſa femme la belle megera fut treſtroublée, car elle craignoit qu'il
ne ſe voulut eſprouuer, s'il auoit ouy parler de quelque dangereuſe aduenture: tant
cheminerẽt Hercules & Philotetes qu'ilz arriuerẽt en Theſſalonicque, ou ilz furẽt
receus à grand ioye de Pirithous & Hyppodamie, & de leurs parents: & là trouuerẽt grand' aſſemblée de nobles hõmes, de dames & damoiſelles. Theſeus y eſtoit, &
auſsi Iaſon, au quel Hercules donna l'ordre de cheuallerie. Atant furẽt celebrées les
nopces de Pirithous, & de Hyppodamie, ou ſe trouuerent auſsi les Centaures, qui
eſtoient cent Geants armés, qui couroient comme vent: & comme ilz faiſoiẽt grãd'
chiere, leur principal capitaine, nõmé Euricus, & aulcuns aultres prindrent parolles:
& apres auoir beu trop exceſsiuemẽt, ſe troublerẽt: & ruerẽt l'ung ſur l'aultre potz,
platz, vin & viãde: & pluſieurs furẽt morts & naurez : & cõme Hercules s'entẽdoit
à les appaiſer, Euricus & cinquãte de ſes cõpaignos prindrent, rauirent, & emporterent Hyppodamie, & s'enfuyrent. Hercules, Iaſon, Pirithous, & Theſeus, coururẽt
apres: adonc' les Geants, qui auoiẽt enuie de la gloire d'Hercules, ſoubz vng arbre ſe
rengerent en bataille. Les quatre chãpions s'approcherent d'eulx, meſme Hercules,
qui de la premiere Saiette attacha la teſte de Grigneus à vng arbre, qui derriere luy
eſtoit: puis de la ſeconde il tua Perreus, de la tierce, il percit Dorillas : ſi vint Pheote-
nes, qui d'une grãde Haſche cuyda frapper Hercules: mais Hercules luy arracha des
mains, & luy en abbatit l'eſpaule, & lors le noble Hercules ſe monſtra ſi vaillant par
my eulx, qu'il trouua Euricus le Capitaine, & le mit à mort: ce faict les Centaures furent deſconfits, & Hyppodamie recouurée d'entre leurs mains : laquelle Hercules,
& ſes compaignons remenerent en la Cité à grand triumphe.

E N ce temps, que les nopces de Pirithous, & de Hyppodamie ſe cele-
broiët, Pluto Roy de Moloſſe, filz de Saturne, & frere du noble Roy
Iupiter, nauigeoit par les mers cherchant ſes aduentures, pillant, & ra-
uiſſant ce qu'il pouoit attaindre: or eſtoit le dict Pluto le plus grãd larron, & le plus luxurieux homme, qui fut en tout le mõde: il auoit auec'
luy vng Geant, nommé Cerberus, aſſez pareil à luy en couraige: mais il eſtoit trop
plus puiſſant de corps, & de force: tous les aultres de ſa compaignie eſtoient grands,
& puiſſants, comme Geants: & leur vouloir, & intention n'eſtoit qu'a piller, & mal
faire. Il aduint par fortune qu'ilz arriuerent en Sicile, ou les Siciliens ſe reſiouyſſoiët,
& faiſoient vne feſte de leurs Dieux. Pluto pour aller veoir ceſte feſte, feit armer
vingt de ſes compaignons ſoubz leurs robes, & s'y en allerent: non pour ſe reſiouyr
auec' les Siciliens, mais pour trouuer quelque proye: ſi veit Pluto Proſerpine, qui
eſtoit fille de Ceres, Royne de celle Region: & pres de Proſerpine ſeoit ſon mary
Orpheus, qui iouoit de la Harpe: voyant doncques Pluto la beaulté de Proſerpine,
la rauit, & l'emmena maulgré tous ceulx, qui eſtoient là preſents, car les Siciliẽs n'e-
ſtoient armés, comme les gents de Pluto, ſi furent contraincts de laiſſer aller Proſerpine, qui plouroit amerement: & là eſtoit preſente ſa mere Ceres, qui en fut dolente
ſur tous aultres, la quelle apres vint viſiter Orpheus, mari de ſa fille, qui pareillement
ſe deſconfortoit à merueilles: au quel dict Ceres, que Pluto, qui auoit rauie ſa femme
eſtoit frere de Iupiter, & ſe tenoit en la Cité d'Enfer (ainſi appellee, parce que les habi
tans eſtoiẽt pires que Diables) Cité de Theſſalie. Adonc' Orpheus print le chemin
vers la dicte Cité, & entré qu'il fut, feit tant auec' ſa Harpe, que Pluto luy rendit ſa
femme Proſerpine, ſoubz telle condition, qu'il l'emmeneroit ſans regarder derriere
ſoy, aultrement de rechef luy debuoit eſtre rauie. A tant Orpheus print Proſerpine,
& l'emmena ioyeuſement: mais il n'eut gueres cheminé qu'il regarda derriere ſoy,
ſi aulcuns le ſuyuoient, lors Cerberus eſtoit prés, qui luy oſta Proſerpine, & la rendit au Roy Pluto.

Rpheus donc' voyãt, que par fa grand' faulte il auoit perdu fa femme,
il s'en retourna vers Pluto, auec' grands dons, penfant la reccuuer:
mais Cerberus ne luy permit d'entrer, fi luy dict, que s'il auoit aufsi biẽ
accouftumé de manier les Armes comme les chordes, par armes le feroit morir. A cefte refponfe trefdeconforté fe partit de la Cité d'Enfer Orpheus, & retourna vers la Royne Ceres fa belle mere, luy racomptant amplement fon infortunée, & mal heureufe aduẽture. dont elle fut plus dolente, que deuãt.
Toutesfoys elle aduertie, que les nopces de Pirithous, & de Hyppodamie auoient
efté celebrées nouuellement en Theffalie, & que la fefte duroit encores, y alla, ou elle
feit aux Roys, Princes, & Ducs, qui y eftoient, fes pleurs & lamentations, fe plai-
gnant de l'oultraige, que luy auoit faict le larron Pluto, quand il luy rauit fa fille
Proferpine, la quelle il detenoit par grand' audace, fi leur demanda la dicte Royne
confort & ayde: & s'enquift diligemment, fi par charité il n'y auoit point quelque
vaillant cheualier, qui par fa courtoifie fe vouluft emploier à luy faire rendre fa dicte
fille. Thefeus s'offrit à l'entreprinfe: mais Pirithous entrerompit fa parolle, difant:
Vous ignorez la fituation de la Cité, ou fe tient Pluto, elle eft fituée felon la mer in-
ferieure entre montaignes, & roches fi haultes, que les Citoiens font en vmbre con-
tinue: & eft l'entrée fi forte, qu'il eft impofsible de paruenir dedens la Cité: fi à ce ne
confent le portier, nul n'y va, qui iamais en reuiẽne: c'eft vng droit Enfer: & chafcun
le nomme Enfer, tant pour la fituation du tenebreux lieu, comme pour l'inhumanité
des habitans, qui perueillent toufiours à faire mal, & defplaifir à tout le monde: &
par ce Pluto, & fes complices font comparez aux Diables. Or Thefeus rien esbahy
de ces parolles, entreprint l'affaire, & promift Pirithous luy tenir compaignie, dont
Hyppodamie fut trefmarrie. Iafon, & Hercules y voulurent aller, mais Thefeus ne
le voulut permettre: toutesfoys Hercules en foy conclud, qu'il iroit: fi bailla Lincus
prifonnier des Centaures à Philotetes, pour le mener à Thebes, puis s'en alla vers la
Cité d'Enfer.

Vand Thefeus eut promis à la Royne Ceres, qu'il s'emploiroit pour recouurer fa fille, & Pirithous eut deliberé de l'acompaigner à parfairer ce voyage, la fefte fut troublée comme au parauãt : car Hypodamie menoit tel dueil, où plus grãd, que quand elle fut rauie des Centaures: ce non obftant ne fut l'entreprinfe des deux Champions rompue, car toft apres prindrent congé de toute l'affemblée, & ioyeufement efperant de recouurer Proferpine, fe mifrent en chemin, fans vouloir eftre acompaigné de perfonne quelconque. Hercules eftoit là, qui defiroit fort de veoir la forterefle de la Cité d'Enfer, mais oncques Thefeus ne voulut permettre qu'il allafle auec' eulx. Or tant allerent les deux Champions, qu'ilz arriuerent en la valée d'Enfer, ou eftoit Cerberus le Geant terrible, & fort à merueilles, q̃ les Poëtes faignẽt auoir troys teftes côfiderãts fa trefcruelle vie, qui regardoit à troys finguliers vices, c'eft à fçauoir à orgueil, à auarice, & a luxure: & apres qu'il eut entendu, que Thefeus venoit querre Proferpine, fi defmefuréemẽt les affaillit, qu'il occift Pirithous, & feit plufieurs playes à Thefeus, tãt qu'il eftoit tout couuert de fang, quãd furuint Hercules, qui luy efcria, qu'il n'euft paour, & qu'il le fecoureroit biẽ toft. Lors quãd Cerberus ouyt, & pareillemẽt veit Hercules, il cômença à bruyre & affaillir Thefeus, plus afpremẽt, q̃ deuant, tant que Thefeus n'en pouoit plus, & ne cherchoit fors, que fe fauluer des coups que iectoit fur luy Cerberus. A tant s'approchoit le vaillant Hercules, qui efcria à Cerberus, qui laiffaft Thefeus, lequel plus ne fe pouoit defendre : fi vint Cerberus à Hercules, pour le frapper à mort, mais tant fut preux le noble Hercules, que de fa maffue il abbatit le Geant à terre, & l'eut tué, ne fut Thefeus, qui le pria, qu'il fut mené vif à Hypodamie: fi luy lya Hercules, pieds, & mains, & col enfemble : puis entra en la Cité d'Enfer, ou il occift les miferables Tyrans côplices de Pluto, & print Proferpine: ce faict il fortit de la Cité, auec' elle, & à la porte trouua Thefeus, qui gardoit Cerberus qui eftoit lyé, puis s'en retournerẽt en Theffalie, & rendirent Proferpine à la Royne Ceres, & apres prefenterent à Hypodamie Cerberus, qui auoit tué Pirithous, & le feit Hypodamie inhumainement morir, fe vengeant de la mort de fon mary.

APres que le noble Hercules s'en fut allé au secours de Theseus, & Pirithous, Philotetes, qui auoit prins Lincus en sa charge, se mit sur mer
pour s'en aller en Thebes, cõme luy auoit dit Hercules, si nauegerẽt la
premiere iournée sans mauluaise aduẽture: mais la secõde iournée fortune, qui tousiours tourne sans prẽdre arrest, leur amena au rẽcõtre vne
grosse Nef, qui tiroit pour aller au lieu d'ou ilz venoiẽt: de ceste Nef estoit chef Andromadas, Roy de Calcide, qui estoit des parents de Lincus, & aussi son familier &
amy: & cõme la Galée de Philotetes aprochoit de la Nef d'Andromadas, Lincus la
recogneut aux enseignes qu'elle portoit, puis escria Andromadas, & luy demãda se
cours. Lors Andromadas assaillit la Nef de Philotetes, le quel & ses gẽts s'employe
rent à la defence de toute leur puissance, si fut la bataille dure & cruelle, mais le mal-
heur tourna sur Philotetes, & ses gẽts, qui furẽt tous mis à mort, & Philotetes prins
& lyé: ainsi fut Lincus deliuré des lyens d'Hercules. Et de là s'en allerent Andromadas, & Lincus droit en Thebes, pour se venger d'Hercules, qui auoit faict morir les
Centaures, sçachãt, que le dict Hercules estoit allé en la Cité d'Enfer, cõme deuãt est
dict. Et quand Andromadas, & Lincus furent arriués deuãt Thebes, ilz donnerent
l'assault, sans defiãce au noble Roy Creon: le quel auec' le Roy Amphitriõ, & toute
leur puissance, sortirent sus Andromadas, & ses compaignons, qui estoient grand
nombre: la bataille fut aspre, & cruelle, tant que Lincus occit le Roy Creon, dont
ceulx de Thebes se misrent en fuyte, & les poursuyirent leurs ennemys de si pres
qu'ilz entrerẽt en la Cité auec' eulx, & la prindrẽt, si tuerẽt tous ceulx, qui portoient
armes, reserué Amphitrion, le quel fut mis en vne basse prison, & Philotetes en vne
aultre. Lincus trouua là Priam, filz du Roy Laomedõ, qui estoit en seruaige depuis
la destruction de Troye, qu'auoit faicte Hercules, ce Priam fut remis en liberté, &
s'en retourna à Troye, ou il fut le tresbien venu. Ce faict Lincus & Andromadas
monterent au Palays, ou ilz trouuerẽt Megera, femme de Hercules, de la quelle fut
amoureux Lincus, qui la pria de son deshonneur, mais iamais n'y voulut consentir:
parquoy elle fut mise en prison en vne Tour.

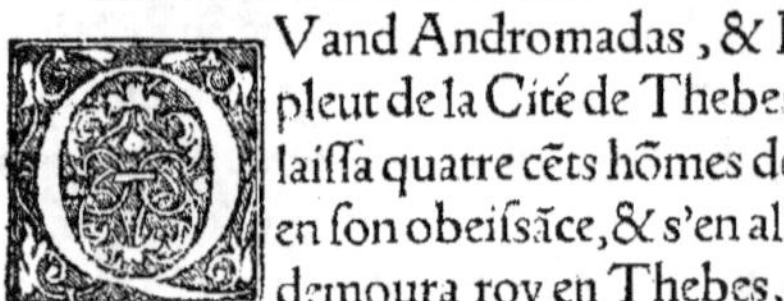

Q Vand Andromadas, & Lincus eurent mis à mort ceulx qu'ilz leur pleut de la Cité de Thebes, & empriſonné les aultres, Andromadas laiſſa quatre cēts hõmes de guerre à Lincus, pour garder la dicte Cité en ſon obeiſſāce, & s'en alla le dict Andromadas à ſes affaires. Lincus demoura roy en Thebes, ou il exerça pluſieurs tyrānies, & mit la Cité en grād' deſolatiõ: lors vint Iuno en Thebes, qui fut fort ioyeuſe quãd elle la trouua en deſolation, pleine de veſues & d'orphelins, & miſe en main ennemye d'Hercules. Ce Lincus ſouuent s'en alloit en la priſon ſoliciter & prier la noble dame Megera d'amour, la quelle iamais ne voulut entēdre à ſes blandiſſemēts, mais voulut garder fidelité à ſon mary Hercules, qu'elle regrettoit inceſſammēt: le quel quand il ouyt la mort du Roy Creon, & q̃ ſa femme Megera eſtoit priſonniere, il fut tout troublé, il iura tous ſes Dieux, qu'il s'en vēgeroit. Adonc' en habit diſſimulé, ayāt prins ſus ſes armes vng manteau, tellement qu'elles ne pouoiēt eſtre apperceues, cõme marchant eſtrāgier & incogneu entra en Thebes, & laiſſa ſes cõpaignõs dehors. A l'entrée du Palays, vng ſouldoyer demāda à Hercules, qu'il queroyt: Hercules iecta lors ſon mā teau au loing, & pourfendit du premier coup la teſte au dict ſouldoyer: puis decoup pa les aultres, en ſorte qu'aux cris vint Lincus, au quel Hercules couppa le dextre bras, & l'abbatit à terre, puis cria Hercules, Hercules, & miſt à mort tous ceulx qu'il trouua lors en ſon chemin, excepté Lincus: apres rompit les portes des priſons ou eſtoit Megera, la quelle vouloit baiſer ſon mary Hercules; mais Lincus à ce incité par Iuno, cria à Hercules, laiſſe ma concubine. Adonc' Hercules comme hors du ſens d'auoir ouy ces parolles infames & oultrageuſes, couppa la teſte à Megera, qui eſtoit enceincte, & cruellement de ſa Maſſue miſt Lincus à mort. Toutesfoys les Cronicques d'Eſpaigne dient, que Hercules ne tua point ſa femme, mais qu'il la miſt en vne religion, qu'il ordonna en Thebes au temple de Diane. Ces choſes accomplies Hercules deſpriſonna Amphitrion, & Philotetes: & ſe partit de là plein de grandes douleurs, & couroux. Lors Hercules laiſſa ceulx de Thebes, & s'en alla à ſes aduentures, acompaigné ſeulement de Theſeus, & Philotetes.

La seconde Destruction de Troye,

Faicte par Hercules, qui occit Laomedon.

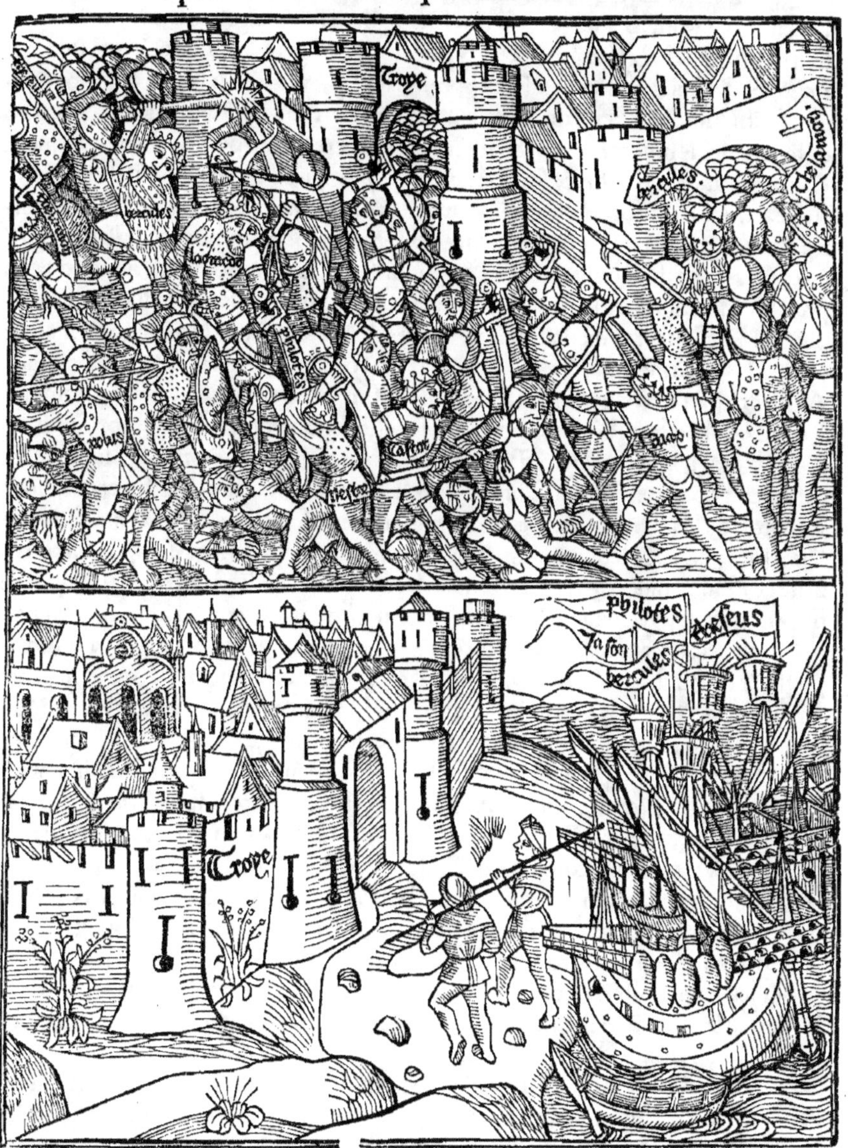

Ercules doncques acompaigné de Theseus, & Philotetes, s'en alla de
Thebes, regrettant merueilleusement la mort du Roy Creon, & de
tous ses aultres amys, & cheuaulcherent ensemble en plusieurs lieux,
querans leurs aduentures:& passant par Licie, dont Hercules fut faict
Roy, ilz se trouuerent en Mirmidone, au Palays du Roy Eson, ou
estoit Iason, qui faisoit ses preparatiues pour aller en l'Isle de Colchos, conquerre la

Toifon d'Or:on ne ſçauroit d'eſcripre la grande congnoiſſance, que ſe feirent Hercules, & Iaſon, qui ne s'eſtoient veuz depuis les Olympiades, le Roy Eſon pareillemēt feit tresbiē ſon debuoir de feſtoier & traicter honorablemēt Hercules, & ſes cōpaignōs:ce faict quād Hercules entēdit, que Iaſon auoit entreprins d'aller en l'Isle de Colchos, il luy diſt, & iura par tous ſes Dieux, qu'il l'acōpaigneroit pour luy fauoriſer, ſi fortune ne luy eſtoit proſpere. A tāt Iaſon & Hercules preparerēt vne Nef biē equippée de toutes choſes neceſſaires pour nauiger, excepté qu'ilz ne prindrent viures ſouffiſammēt, eſperāt qu'ilz en auroiēt aux ports ou il debuoiēt ſe refreſchir. En ceſte eſperāce ſe miſrēt ſus mer, & arriuerēt premieremēt au port de Troye, la quelle Laomedō auoit reſtablie, & fortifiée plus q̃ deuāt, qui aduerty qu'vne nef des Grecs eſtoit arriuée à ſon port pour auoir viures, leurs māda incōtinant, q̃ ſans plus ſeiourner ilz ſe partiſſent, car il eſtoit ennemy des Grecs. Iaſon, comme chef de l'armée, diſt aux meſſaigiers du Roy Laomedō, & leur pria qu'il peuſt auoir des viures pour ſes pecunes:les meſſagiers leurs dirēt, qu'ilz n'auroiēt viures, s'ilz ne les auoiēt à l'eſpée. Adōc' Hercules iura aux meſſagiers Troyēs, q̃ s'il retournoit du voyage qu'il auoit entreprins, qu'il ne laiſſeroit à Troye pierre ſus pierre, & la ruineroit à perpetuité. Ainſi ſe departirent du port de Troye, & par fortune arriuerēt en vne Isle, nommée Lennos, dont eſtoit Royne Iſiphile, qui lors fut amoureuſe de Iaſon: là prindrēt viures, & ce qu'il leur eſtoit neceſſaire à parfaire leur voyage : puis mōterēt ſur mer, & s'en allerēt droict en l'Isle de Colchos, ou Iaſon par l'induſtrie de Medée cōquiſt le Mouton d'Or, qu'il emporta en Grece:ou arriués q̃ furēt, Hercules recōmanda fort Iaſon à ſes parēts:& leur compta cōment il auoit iuré de deſtruire Troye, pour la rudeſſe & inhumanité, q̃ le Roy Laomedō leur auoit faicte : ſi cōclurent les Grecs incō tinant, qu'ilz luy ayderoiēt, & fut iour determiné pour partir, puis firēt leur equipaiges, & aſſemblerēt leur exercite, tant q̃ par la grande diligēce d'Hercules, ilz furent preſts de mōter ſus mer au iour cōclud entre eulx, & tant nauigerent, qu'ilz deſcendirent au port de Troye. A la deſcente du port, Hercules feit ſonner trōpettes, & tabours, & mena ſi grand bruyt, q̃ tout en trembloit : tant que Laomedō voyāt d'une de ſes feneſtres l'oſt de ſes ennemys, fut long tēps à penſer s'il iroyt en bataille contre ſes ennemys:& cōme il eſtoit ainſi penſif, il regarda d'aultre coſté vers la ville, ou il veit plus de trente mille Troyens, tous armés, qu'ilz luy donnerent couraige, tellement, qu'il ſe feit armer, combiē qu'il ſe doubtoit que Hercules eſtoit chef, & condu cteur de ſes ennemys:toutesfoys il ſortit de Troye auec' toute ſa puiſſance:& toſt cō mencerent les Troyens & Gregeois à ſe cōbatre chauldemēt, tant qu'il y eut grande occiſiō. Là eſtoient des Grecs Thelamon, Aiax, le Duc Neſtor, Caſtor, & Pollux, & pluſieurs aultres Roys, & Princes de Grece, qui ſe monſtroient vertueux ſur les Troyēs. Hercules pareillemēt auec' ſa Maſſue mettoit à mort tous ceulx, qui ſe trouuoient en ſon chemin:tant qu'il rencontra le Roy Laomedon, au quel il donna tel coup, qu'il l'abbatit mort par terre:les Troyens voyant ce, ſe prindrent à ſe ſauluer, l'ung çà, l'aultre là, les aultres s'en couroient à Troye, mais les Gregeois de ſi pres les pourſuyuerent, qu'ilz prindrent la ville, & entra dedens le premier des Gregeois le Roy Thelamon, puis le ſecond y entra Hercules, qui donna à Thelamon Exionne fille de Laomedon, par ce qu'il auoit entré dedens Troye le premier, puis feit tout piller, & bouta le feu dedens: tellement, qu'il ne demoura pierre ſus pierre, que tout ne fuſſe ruyné, & abbatu. Priam n'eſtoit lors à Troye, ains eſtoit allé en Orient, par le commandement de ſon pere.

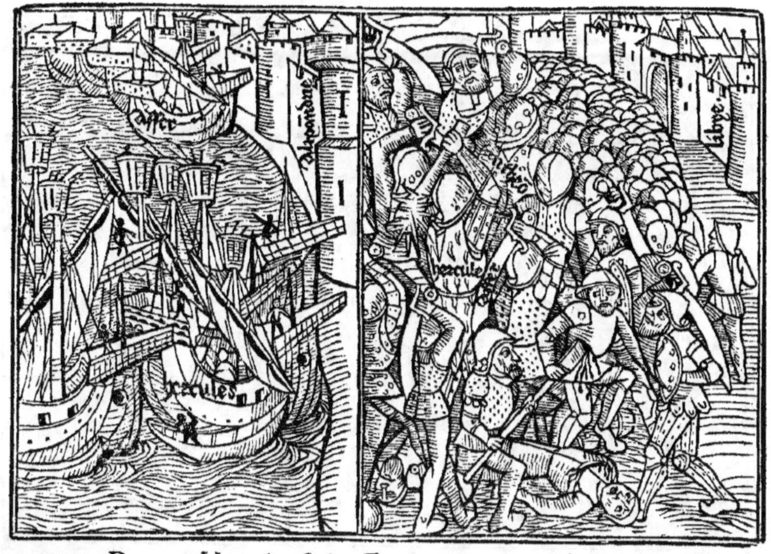

Pres que Hercules, & les Gregeois eurent pillée, & du tout abbatue la
ville de Troye, auec’ les Threfors de Laomedõ, ilz s’en retournerẽt en
Grece, ou Hercules ne voulut long temps demourer oyfeux, fuyuãt le
propre de fon naturel, qu’eftoit de frequẽter les armes : car le plus dili-
gemmẽt, qu’il luy fut pofsible, feit apprefter fes nauires, & accõpaigné
de Thefeus, & Philotetes, fe mit fur mer cherchant fes aduentures. Et cõme le vent
leur fut propice ilz arriuerent au port d’Alexandrie, ou Affer filz de Madian, le filz
d’Abraham, auoit vne grande armée. Ceftuy Affer regardant les nauires d’Hercules, lefquelles il congneut aux enfeignes, & armes qu’elles portoient, fubitemẽt s’en
alla vers le port, & receut Hercules honorablement : puis luy compta le faict de fon
entreprinfe, & luy dift, que les Egyptiens l’auoient esleu conducteur de ceft armée,
pour aller en Lybie deftruire le pays, en vengeĩce des maulx, & grandes Tyrãnies,
que Bufire le Tyrant, qui eftoit Roy de Lybie leur auoit faict: au quel Hercules dift,
que de tresbõ cueur il luy ayderoit à conquefter le pays: là eftoiẽt les Egyptiens, qui
furent trefioyeux de la venue d’Hercules, car defia il les auoit deliurés du dict Bufire,
cõme eft dict cy deuant: par quoy ilz luy feirent grand’ chiere, & le traicterẽt par plufieurs iours humainemẽt: & ce pendĩt il deuint amoureux d’une fille qu’auoit Affer,
nommée Echée, la quelle luy fut donnée à mariage: ce faict Hercules, Affer, & les
Egyptiens fe mirẽt fur mer: & tant nauigerẽt, qu’ilz arriuerent au port de Lybie, ou
maintenĩt eft afsife Carthaige, & prindrẽt terre, puis fe bouterẽt chauldemẽt dedĩs
le pays, tãt qu’ilz paruindrẽt iufques à la Cité de Lybie, fans cõtredict: cõtre la quelle
ilz dõnerent plufieurs affaults, tãt que le Roy Antheõ, grand Geant, & fort à merueilles, qui eftoit dedĩs, faillit hors auec’ les Lybiẽs, & par grãd violãce vint affaillir
Hercules, & Affer: fi fut la meslée afpre & cruelle, mais tãt feit Hercules, qu’il rencõtra deuãt foy Antheõ, au quel il dõna tãt de coups de fa Maffue, qu’en grand’ peine
il efchappa de fes mains: Affer, Thefeus, & Philotetes, pareillemẽt faifoient grands
deuoirs de mettre à mort les Lybiens, lefquelz pour cefte premiere fois furẽt mis en
honteufe fuyte par Hercules, & les Egyptiens.

E Roy Antheon, & les Lybiẽs defcõfits, ilz fe fauluerent en leur Cité
de Lybie, puis appella Antheon les medecins, pour fe faire faner des
playes, & horiõs, qu'il auoit receuz de la maffue d'Hercules: les mede
cins, & chirurgiẽs s'esbahifoiẽt, commẽt il auoit peu efchapper, tant
eftoit il defroiffé, & mutilé par tout fon corps, fi luy dirent, que d'ung
moys il ne feroit biẽ fain pour fortir en bataille. Adonc' Antheõ enuoya meffagier à
Hercules, & aux Egyptiẽs, pour auoir Treues, deux ou troys moys: ce que par eulx
luy fut accordé, moyennãt, que tous les iours, il leur enuoyroit certain nõbre de Be-
ftiail, & grãd' quãtité de viures. Hercules lors ennemy de pareffe, & oyfiueté, luy fou
uenãt qu'aultresfoys Philotetes luy auoit dict, q̃ pres de là refidoit en vne mõtaigne
vng Roy, nõmé Athlas, biẽ experimenté aux arts, & fcience d'Aftronomie: du quel
Hercules couuoitãt la fciẽce, mõta fus mer auec' Philotetes, & tãt nauigerẽt, q̃ Philo
tetes luy mõftra la montaigne ou fe tenoit le dict Athlas. Hercules laiffa Philotetes
fus le riuaige de la mer, & feul entreprint de mõter en la mõtaigne, fe cõfiant du tout
à fes forces: & cõme il mõtoit à diligence le meffagier du Roy Athlas defcendoit, le
quel cõpta à Hercules qu'il s'en alloit en Maffillée, faire apprefter les Citoyẽs pour
aller fecourir au Roy Antheõ de Lybie, qui en auoit requis le Roy Athlas: ces mots
finis le meffagier s'en alla parfaire fon voyaige, & Hercules feit tant qu'il paruint au
Chafteau: puis par quatre Cheualiers fut mené vers le Roy Athlas, qui luy demãda
qui, il eftoit: toft luy refpõdit qu'il eftoit Hercules, celuy qui auoit cõquis Philotetes:
dõt Athlas fans aultres menaffes par grãd defpit feit affaillir Hercules qui occit dou
ze de fes gẽts: & feit vne grãd'playe en la tefte du Roy Athlas, tãt qu'il fe trouua leãs
le maiftre, & print Athlas à mercy: puis entra en fon Eftude, & luy chargea le col de
fes liures d'aftronomie, & l'emmena Hercules fus la riue de la mer, ou Philotetes les
attẽdoit, qui eftoit beau filz dudict Athlas, fi fe feirẽt l'ung à l'aultre grãde cognoif-
fance. Ce faict ilz mõterẽt en mer pour retourner en l'oft des Egyptiẽs, & Hercules
inftãmẽt luy requift, qu'il luy apprint fa fciẽce: ce qu'il feit diligẽmẽt, & fi biẽ profita
Hercules, qu'il fut eftimé le plus parfaict Philofophe & Aftronomien du monde.

Infi dõcques Hercules plein de Philofophie retourna en l'oft d'Affer,
& trouua, que Echée fa femme luy auoit faict vng beau filz, que les
Egyptiens auoient courõné Roy d'Egypte, ou il regna depuis, & fut
appellé Dodium. Or quand Affer veit Athlas, & fceut comment Her
cules l'auoit conquis, il en fut fort efmerueillé, & cõmença à cherir &
eftimer Hercules beaucoup plus que deuãt: fi furent tous les Egyptiẽs refiouys de fa
venue, car les Treues eftoiẽt quafi expirées, & auoit le Roy Antheõ amaffé gẽts de
toute part, pour fe vẽger d'eulx. Parquoy Hercules & Affer feirẽt diligẽce de prepa
rer leur armée, & ordõnerent leurs batailles ainfi qu'ilz leur pleut. Antheõ pareille
mẽt d'aultre cofté ordõnoit fes gẽts à fon plaifir, tãt ꝗ les Treues expirées les Lybiẽs
fortirẽt de la Cité, & leur allerẽt au deuãt Hercules, Affer, & fon oft: lors fonnerent
des deux coftés trompettes & tabours, tãt que tout retẽdiffoit du bruyt & cry qu'ilz
faifoiẽt. Ilx cõmencerẽt la bataille d'ung cofté & d'aultre fi afpremẽt, ꝗ c'eftoit chofe
pitoyable de l'occifiõ que faifoiẽt, tant les vngs ꝗ les aultres. Hercules & Antheõ fe
rencõtrerent, & s'entrechargerẽt de coups fi trefdemefuréemẽt, ꝗ Antheõ rõpit vng
glaiue, & fut abbatu à terre à force de coups, & l'euft occis Hercules n'euffent efté les
Lybiẽs, qui coururẽt fus luy à tous coftez, & l'affaillirẽt de fi pres, qu'il ne fçauoit au
quel entẽdre. Lors employa Hercules fes forces fur les Lybiẽs, qui fuyoiẽt deuãt luy
cõme deuãt la mort, & feit tãt qu'ilz eurẽt du pire. Adõc' Antheõ qui s'eftoit releué
de terre à grãd peine, voyãt quafi la defcõfiture de fes gẽts, appella en ayde le Roy de
Cothulie, qui conduifoit fa fecõde bataille, le quel toft s'approcha pour le fecourir:
mais quãd Thefeus & Affer le veirẽt mouuoir, ilz luy allerẽt à l'encontre, tant ꝗ par
eulx fut occis, & les Cothuliens. Vint auffi au fecours la troyziefme bataille d'Antheõ, de la quelle eftoit chef le Roy de Gethulie, qui feit grands deuoirs de fecourir à
Antheõ: mais par la proueffe d'Hercules tous furent defconfitz, tant que les vngs fe
fauluoiẽt çà & là, & les aultres fuyoient pour fe fauluer en la Cité, lefquelz de fi pres
pourfuyuoit Hercules, qu'il entra dedãs auec' eulx, & y feit entrer les Egyptiẽs. Lors
Antheon voyant ce, fe faulua auec' quatre Maures, qui le menerent à Maurienne.

Ercules doncques, & les Egyptiens entrerent en Lybie, & la ſubiugue-
rent par armes, & Antheõ s’en alla en Maurienne, ou il feit nouuelle armée le plus toſt qu’il peut. Ce pendant ceulx de Lybie ce miſrent en la
mercy de Hercules, qui les dompta, & aultres de leurs voyſins, puis ſur
eulx conſtitua Affer Roy, & par ce fut Lybie appellée Affricque. Cy on peut co-
gnoiſtre la grande vertu d’Hercules, qui n’eſtoit cupide aulcunement des biens &
honneurs mondains, comme ont eſté pluſieurs Roys, Ducs, & aultres Princes, ains
deſiroit ſeulement accroiſſement de ſes vertuz & proueſſes, quand de ſa pleine liberalité il donna le Royaume de Lybie, qu’il auoit gaigné par ſa proueſſe, à Affer, le
quel fut couronné ſolennelemẽt, & à grand triũphe: puis s’enquiſt Hercules qu’elles
Loyx tenoyent les Lybiẽs, entre leſquelz lors les femmes eſtoient cõmunes: & s’il
aduenoit qu’aulcune femme eut enfant, il eſtoit donné ſelon le iugemẽt des Matrones, à celuy auquel plus reſembloit, cõme le recite le Philoſophe Ariſtote en ſes Poli
ticques. Or Hercules eſtablit entre eulx le mariage, & oultre ce leur ordonna qu’ilz
tiendroient les Loyx de Grece, tant que par meure & deliberée conduicte feit les
Affricans viure treshonneſtement & uertueuſemẽt, ſi qu’apres ilz eurent ſur toutes
choſes l’ordre de mariage en ſi treſgrande reuerence, que ceulx qui auoient aultres
que leurs propres femmes, ilz eſtoient mis à mort cruelle. Ce faict Hercules ſe partit
de Lybie, & toſt le vindrent aſſaillir les Maures & Antheon, contre le quel il ſe
combatit corps à corps par grãd effort, & luy donna pluſieurs coups durs à porter,
tant qu’il s’en penſoit fuyr, mais ſi pres le ſuyuit Hercules, qu’il l’embraſſa ſubitemẽt
de toute ſa force, & le porta vers l’oſt des Maures, ou il le rua par terre ſi deſpiteuſe-
ment, que mort & deſfroiſſé demoura là Antheon, la mort du quel ſembla aux Mau
res ſi cruelle, qu’il perdirent toute leur puiſſance. Là furẽt occis par Hercules le Roy
de Mauritaine, le Roy de Tingie, & pluſieurs aultres du Pays d’Affricque, les aultres ſe ſauluerent çà & là, fuyant Hercules comme la mort, tant qu’il ſe trouua ſeul
en la place.

Vand Hercules eut mis à mort celuy contre le quel par troys fois s’e-
stoit côbatu, a sçauoir Antheon, qui estoit fort & puissant, feit faire en
memoire de celle victoire vng sepulchre, dessoubs le quel feit mettre le
corps d’Antheon, & dessus feit eriger vne statue, qui estoit d’os d’Ele-
phant richemêt entaillée, & au vif protraicte, tant que depuis les Mau
res eurent ce sepulchre en grande reuerêce, & adorerêt l’idole. Ce faict Hercules s’en
alla par Tingie, & Ampulegie, & plusieurs aultres terres, & conquist le pays, qui
maintenât est nômé Affricque, le quel il donna à Affer, puis s’en retourna en Lybie,
ou il trouua Echée sa femme morte, dont il mena grand dueil : si luy vint volunté de
sortir de Lybie pour oublier ce dueil, & comme il vouloit prendre du Roy Affer
congé, vne Damoyselle estrangemêt attornée vint, qui leur dist : Seigneurs de Lybie, vers vous m’ont enuoyées les Roynes de Sichée, dame d’Egypte, de Capadoce,
& d’Asie, qu’elles ont n’agueres conquises, faisant la vengeâce de leurs marys pieça
morts, & tués en Sichée, par Vexoses le Roy d’Egypte: & par ce qu’estes du lignai
ge des Egyptiês, elles vous mâdent, que vous soubmettez à leur obeissance, ou que
vous saillez sur elles en bataille, ou pour euiter effusion de sang vous font sçauoir, q̃
s’il ya entre vous deux hômes, qui côtre deux d’elles vueillêt côbatre, elles vous liure
ront deux Dames en place côuenable, par conditiô, q̃ si les Dames vous vainquent,
vous vous tiendrez pour vaincus, & serez à elles: & si vous hômes les vainquez, les
dames se tiêdrôt pour vaincues, & serôt subiectes à vous. Ceste côditiô fut tost accor
dée à la Damoyselle, qui en reporta prôptemêt les nouuelles à la royne Synope, qui
estoit côductrice des Damoyselles. Hercules, & Theseus entreprindrêt le côbat, les
quelz s’en allerent a l’heure determinée, en la place qu’auoit esleu la dicte Royne, ou
ilz trouuerêt les deux Damoyselles, a sçauoir Menalix, & Ipolyte, qui les attendoiêt
pour iouster: lesquelles se porterêt si vaillammêt, q̃ Hercules, & Menalix se ruerent
par terre, & pareillemêt Theseus, & Ipolyte: toutesfois les deux cheualiers furêt des
deux Damoyselles vainqueurs. Adôc’ feit paix Hercules auec’ la Royne, pour les
Affricâs, & rêdit Menalix, moyênât q̃ elle dôneroit Ipolyte à Theseus en mariage.

L
A royne Sinope, voyant que ſes deux ſœurs, aſçauoir Menalix, & Ipolite auoient eſté vaincues par les deux Cheualiers, elle accorda, que Theſeus auroit Ipolite en mariage, cõme il deſiroit, ſi furẽt magnificquement
les nopces celebrées en Affricque, & là les Dames oyãt racõpter les merueilleux & haults faicts de Hercules, toutes le louerẽt, & ſe tindrent heureuſes d'eſtre
vaincues de luy. La feſte dura long temps, tous les Affriquans ſe reſiouyſſoient, non
ſeulement par les nopces, mais par ce que Hercules auoit entre eulx & la Royne mis
vne paix perpetuelle, la quelle de rechef il reconferma, deuant que la feſte fut expirée.
Or toutes les ſolennites y requiſes honorablement celebreés, & accomplis, Theſeus print congé d'Hercules, d'Affer, & de toutes les Dames, & Damoyſelles, & retourna en ſon pays, pour y mener ſa Dame: & Hercules ſe mit ſur mer pour aller en
Calcedoyne veoir Deianira, fille du Roy Oẽneus, & ſœur de Gorge, de la quelle il
auoit ſouuent ouy parler à vng Calcedonien, qui eſtoit en ſa compaignie. Le Roy
Oẽneus receut honorablement Hercules, le quel aúſſi entrãt au Palays fut benignement receu de la Royne, & de ſes deux filles : aſçauoir Gorge, & Deianira : ſus la
quelle iettant ſes yeulx Hercules, par ce que nature n'auoit rien obmis en la facture &
beaulté de ſon corps, mit en elle ſon amour. Or regnoit adonc' en Calcedoyne vng
puiſſãt Roy, nõmé Achelous, voyſin au roy Oẽnous: ceſtuy Achelous auoit enuoié
vng meſſagier au dict Oẽneus, luy annõceãt, q̃ ſi ne luy dõnoit ſa fille Deianira pour
femme, il luy denonceoit la guerre, la quelle Oẽneus luy refuſa, par ce qu'il eſtoit de
mauluaiſe vie, ſi luy promiſt Hercules de le venger d'Achelous, & luy diſt, qu'il ne ſe
ſouſciaſt de riẽ, fors de mettre ſes gẽts en armes, ce qu'il feit diligẽment, ſuyuãt le conſeil d'Hercules, ſe fiant du tout à luy, car il n'eſtoit pour reſiſter à Achelous, ſans ſon
ayde. Or vint le dict roy Achelous aſſieger la Cité d'Oẽneus, par mer, & par terre; ſi
ſortirent Hercules, & les Calcedoniens ſur Achelous, qui eſtoit ſi vaillant, qu'il feit
arreſter les Grecs, & meſmemẽt Hercules: toutesfoys Hercules, & ſes gẽts, Oẽneus
& les Calcedoniẽs ſe porterẽt ſi vaillãment, qu'ilz occirẽt douze mille des Achaiẽs,
& par la proueſſe d'Hercules, Achelous fut mis en fuyte par mer.

Ercules voyant qu'Achelous s'eſtoit ſaulué en la Mer, il diſt au Roy
Oëneus, qu'il le pourſuyuroit, & qu'il en vouloit deliurer le monde:
ſi print auec' luy deux cents hommes des Calcedoniens à l'eslite, auec'
les Grecs de ſa compaignie, & print congé du Roy, puis monta ſur
mer, & s'en alla apres Achelous, & ce ſans oublier de donner charge à
quelcun de faire ſes plus qu'hübles recõmendations à Deïanira. Celle nuict Oëneus
apres le depart d'Hercules retourna en Calcedoyne, & racompta à ſa femme, & à ſes
filles les haultes & merueilleuſes proueſſes, qu'Hercules auoit faictes en la bataille,
comme il auoit deſchaſſé ſes ennemys, & cõment il eſtoit allé apres auec' deux cents
hõmes. La royne, Gorge, & Deïanira furent treſioyeuſes de celle victoire, mais leur
ennuya qu'Hercules pourſuyuoit Achelous à ſi petite cõpaignie: & de ce ſpeciale-
mët fut marrie Deïanira, tãt qu'elle n'eut ioye en ſon cueur iuſques au retour d'Hercules. Pour retourner à noſtre propos, ſi diligëmët Hercules pourſuyuit Achelous,
que de luy il fut apperceu. Lequel voyãt qu'Hercules auoit bien petite compaignie,
ſe delibera de l'attendre, mais ſes gents, qui ſçauoient la peſanteur de ſa Maſſue, s'en
fuyrët en leur Chaſteau, & entra Achelous auec' eulx: & par le cõſeil de l'ung de ſes
capitaines feit faire cët torches, & de nuict les feit allumer, pëſant qu'Hercules, & ſes
gëts pour la clarté ſeroiët esbahiz, & tous deſgarniz y coureroiët, & Achelous, qui
ſeroit en embuche auec' mille hõmes les deſferoit, & mettroit à mort. Ce faict Hercu
les, qui auoit aſsiegé le chaſteau alla à la riue de la mer auec' ſes gëts veoir la clarté des
dictes torches. Adonc' Achelous auec' mille hõmes l'aſſaillit, ſi le rencõtra Hercules
entre les aultres, & luy dõna ſi grãd coup de ſa Maſſue, qu'il luy enfondra la teſte, &
le print priſonnier, puis tous les gëts d'Achelous vaincus, Hercules print le chaſteau
& tout le pays: lequel depuis il tranſporta en la main d'Oëneus. Et ne demoura là
gueres depuis qu'il eut ſubiugué le dict Royaume d'Achelous, ains le plus toſt, que
luy fut poſsible retourna en Calcedoyne pour veoir Deïanira: ou il fut receu à ſi grãde gloire, & triumphe, que n'eſt poſsible de le reciter: puis luy fut donnée celle, que
tant il aymoit en mariage, comme cy apres eſt declairé.

Rande donc', & magnificqué fut la feſte, qu'Oëneus feit pour les victoires, qu'Hercules auoit eues du roy Achelous, le quel il enuoya en
exil. Les Poëtes eſcriuãts les ſus dictes victoires, faindẽt qu'Achelous
ſe combatit premierement cõtre Hercules en guiſe d'homme, & qu'il
fut vaincu: apres qu'il ſe mua en guiſe de ſerpent, c'eſt à entendre à ſubtilité, & en malice, cõme il feit en aſſaillant Hercules de nuict: finablement en guiſe
de Thoreau, & qu'Hercules luy rompit vne corne, c'eſt à dire, ſon Royaume, qu'il
rompit, & conquiſt, le quel il donna, comme dict eſt deſſus, au roy Oëneus. Or p̃our
abreger Hercules ſe reſiouiſſoit en Calcedoyne aupres de ſon amye Deianira, la
quelle ne pouoit aſſés regarder tant eſtoit eſprins de l'amour d'elle: ſi s'aduentura
Hercules de la demander à ſon pere en mariage, & s'il la deſiroit fort auoir pour ſa
femme, encores plus appetoit Oëneus de luy octroyer, par ce luy accorda de tresbon
cueur, & à ce de meilleur y conſentit Deianira: ainſi par bon accord des parties furẽt
les nopces celebrées põpeuſes & ſolẽnelles, cõme bien appartenoit au vaillant & ma
gnanime Hercules: le quel incõtinant apres la feſte voyãt, que ſon beau pere Oëneus
eſtoit en paix, il print congé de luy pour aller en ſon Royaume d'Iconie par terre, y
voulant mener ſa femme Deianira: ſi ſe miſt en chemin auec' elle, ſes Damoiſelles, &
ſes gents: & quand il vint au Fleuue de Nebenus, Neſſus en ſa naſſelle paſſa premieremẽt Deianira, & ſes Damoiſelles: & quãd il fut oultre le Fleuue, il diſt à Deianira
qu'elle ſeroit ſa femme, & la chargea ſur ſon col, & l'emporta par force. Hercules ce
voyant, tira vne ſaiette, & le bleſſa à mort: lors Neſſus ſentant ſa mort approcher,
voyant qu'en ſa vie il n'y auoit remede, ſe print à imaginer quel deſplaiſir il pourroit
faire à Hercules, & ce penſant qu'a l'aduenir elle pourroit eſtre ialouſe d'Hercules,
luy diſt: Dame voſtre beaulté me cõtrainct de penſer à vous faire plaiſir, ie vous bail
leray vne choſe precieuſe, ayant telle vertu, q̃ ſi vous la mettez bouillir auec' vne des
chemiſes d'Hercules, & auec' du ſang, qui de ma playe ſault, & vous luy faictes veſtir
la chemiſe il ne pourra iamais aymer aultre femme q̃ vous, ce que creut Deianira, &
mort Neſſus, elle s'en retourna vers Hercules, qui auoit paſſe le Fleuue a nage.

Vand Hercules eut passé le Fleuue, & il n'apperceut point Deianira
sa femme, il pensoit, que le Geant Nessus l'auoit du tout rauie, car il ne
veoit ne luy ne elle, si se mit à cheminer, & tost luy vint au deuāt Deianira, qui luy cōpta, que le Geant estoit mort, dont fut fort ioyeux Hercules, si le voulut aller visiter, & quād il le trouua mort, il le laissa là aux
bestes, & aux oyseaux, & print sa saiette, de la quelle depuis fut mis à mort le noble
duc Achilles au temple de Phebus pour l'amour de Polixene fille du roy Priam, cōme sera dict en la troisiesme partie de ce recueil. A tant Hercules, & Deianira reuindrent au Fleuue, & auec' la Nasselle de Nessus passerent tous leurs gents, puis s'en
allerent en la Cité de Lerne, ou le Roy le receut bien honorablement, & luy feit tant
d'honneur qu'il peut. Et apres plusieurs deuises, Hercules demanda à ce Roy de ses
nouuelles: le quel luy dist, qu'en vng grand Palus, qu'il auoit, habitoit vng monstre
moytie hōme, moytie serpent, qu'on appelloit Idre, par ce qu'il habitoit es eaues, &
gastoit le pays, le rendāt inhabitable: car il deuoroit tout ce qu'il peut attaindre de la
queue, ou des mains. Adonc' Hercules fut fort ioyeux, & s'offrit tout seul à cōbatre
le dict mōstre, dont Deianira mena grand dueil, mais le roy Athlas, & Philotetes la
recōforterēt. Le lēdemain Hercules s'en alla au Palus, qui estoit long de trois lieues
en rondeur: & estoit tout enuirōné de fontaines, qui sourdoiēt de treshaultes mōtaignes, au meillieu de ce Palus, qui estoit cōme vng lac, habitoit l'Idre en terre ferme.
Quād Hercules fut venu vers ce Palus, l'Idre q̄ iamais ne dormoit de deux yeulx, &
qui tousiours auoit le col estendu, & les oreilles ouuertes, eut le sentement de luy, &
soubdainemēt vint vers luy courāt par grād roideur. Hercules s'arresta quand il veit
cest admirable & non pareil monstre, & print tresgrand plaisir à le veoir: il auoit dix
pieds de haulteur, & autant de queue; si feit ses sophismes, & fallacieux arguments à
Hercules, qui luy respondit si disertement, qu'il le surmonta en toutes ses questions,
puis cōmença Hercules à frapper dessus le mōstre, & le mōstre aussi sur Hercules, si
roidemēt, qu'il luy feit vne playe en la teste. Adonc' Hercules se iecta sur le mōstre si
aspremēt, qu'il luy froissa la teste, & l'occit; du quel apres il feit sacrifice aux Dieux.

f   3

L n'eſt poſsible de reciter & deſcripre la ioye qu'eurent les Citoiens de
Lerne, qui tous vindrent honorablement au deuant d'Hercules pour
le louer, & remercier du grand bien, qu'il leur auoit faict, les deliurant
de la captiuité de l'Idre, & meſme Deianira en fut treſioyeuſe; car elle
ne penſoit, que ſon mary fut vainqueur d'une ſi cruelle beſte. Le roy de
Lerne feſtoya Hercules le plus richemēt, que luy fut poſsible, ſe rendant ſon ſubiect
à iamais, pour la remuneratiõ de ſes labeurs. Et quãd Hercules eut demeuré à Lerne
vne eſpace de tēps, il ſe partit pour s'en aller à Athenes, ou luy, & Athlas, long tēps
tindrēt eſcolles de Philoſophie. Et en ce temps Gerion roy d'Andelouzie, qui auoit
deux freres Geants, cõmença à Tyrannizer, & faire exactions indeues ſur ſes voyſins & eſtrangiers, dont le bruyt couroit par tout le mõde, tant qu'Hercules aduerty
de ceſte Tyrannie aſſembla ſon exercite au Royaume de Lycie; puis acompaigné de
Theſeus, Hiſpan, Athlas, & Philotetes, & aultres pluſieurs vaillans gens de guerre,
ſe mit ſur mer pour aller deſtruire le dict Gerion. Les Poëtes dient qu'il auoit troys
teſtes: par ce, que luy, & ſes deux freres eſtoient d'ung meſme accord faiſant Tyran-
nies, non ſeulement ſur les eſtrangiers, mais auſsi ſur leurs voyſins. Hercules tant exploita par mer, qu'il vint en Affricque, puis tant nauigea, qu'il entra en la riuiere de
Gadiana, là ou ſe tenoit le tyrãt Geriõ, en ſa Cité de Megida, & luy enuoya Hercules
en meſſaige Hiſpan. Hiſpan trouua Gerion en chemin, au quel il diſt: Ie vous fais ſça
uoir, que le vertueux Hercules eſt deſcendu en voſtre dominatiõ pour corriger vos
vices abhominables. Gerion reſpondit à Hiſpan, diſant: Allez vers Hercules, & luy
dictes, qu'il ne me ſeroit ſi tard trouuer, que ce ne ſoit trop toſt pour ſa ſanté. A ces
mots Hiſpan s'en retourna à Hercules, qui mit ſes gents en bonne ordre attendant
ſon ennemy. Gerion ne demoura gueres apres, qu'il eut enuoyé le meſſagier: car toſt
auec' ſes Gallées, & ſes Nauires vint aſſaillir Hercules, & ſe monſtra homme bien
experimenté aux armes: mais Hercules feit fendre vne de ſes Gallées, puis feit tant
par ſes proueſſes, que Gerion, & ſes gents furent vaincus, & print ſa Cité de Megida, ou les Gregeois feirent grand' chère long temps, cõme cy apres eſt declairé.

Vand doncques Hercules veit, que ses ennemys tendoient à la retraicte,il leur ferma le passaige, tant que Gerion ne peut retourner en Megida,par ce fut côtrainct de se retraire en la Cité de Valerite,dont l'ung
de ses freres estoit Roy,& là se mist en intentiõ d'assembler la plus grã
de armée qu'il pourroit pour venir sur Hercules. Ce pendãt le dict Her
cules s'en alla vers la Cité de Megida, & l'aissaillit chauldemêt,tant q̃ les Megidans
furent surprins,car ilz estoient desgarniz de gens de guerre,par ce feirent ouuerture
aux Gregeois,& se rendirent à la volunté d'Hercules, qui demeura seigneur & mai-
stre de la Cité. Là se donnerêt du bon temps les Gregeois , car la Cité estoit bien gar
nie de viures.Or demeura là vne espace de têps Hercules,s'enquerant ou il pourroit
trouuer Gerion,puis s'en alla au temple rendre graces aux Dieux de la victoire,qu'il
auoit eue côtre Geriõ,la remembrãce du quel estoit au dict temple:& au tour y auoit
trente statues de trente Roys,que Gerion en son temps auoit occis. Or apres que le
dict Gerion eut assemblé vng grand exercite de cinquãte mille hômes , il vint assaillir Hercules,& estoient auec' Geriõ ses deux freres experts en faict de guerre. Hercu
les tost sortit de la cité de Megida auec' ses gêts, & enuahit les trois Geriõs, & d'ung
coup de sa Massue en porta vng tout estonné par terre : & d'ung aultre coup en abbatit l'aultre:de ces deux grãds coups fut tout espouenté Geriõ, qui de toute sa puissance donna si grand coup à Hercules,qu'il feit sortir le feu de son heaulme : puis les
Hesperiẽs l'assaillirent de toutes parts,sur lesquelz il feit tant grãd effort, qu'il en tua
plus de six cẽts:& à son secours Malliõ nepueu d'Vlisses vint auec' dix mille Grecs,
qui si asprement se misrent en la meslée,qu'ilz paruindrent iusques à Hercules, mettant les Hesperiẽs par terre à grand' force.L'ung des freres de Gerion, qui auoit esté
abbatu par Hercules,se retrouua là,& auec' vne guisarme,faisoit grand effort sur les
Gregeois . Lors Hercules s'approcha de luy , & de sa Massue luy donna si grand
coup sur l'espaule,qu'il le porta par terre en mille pieces.Adonc'vindrêt Theseus,&
Hispan,& tant feirêt les Gregeois,que leurs ennemys furêt descõfits, si se saulua sur
mer Gerion,le quel à veue d'oeil Hercules poursuyuit à diligence.

Erion pour ceſte fois eſchappa des mains d'Hercules, car quãd il ſceut
que ſes freres auoiẽt eſté aſſommés, il ſe ſaulua ſur mer auec' grãd nombre de ſes gẽts, dont fut marry Hercules, ſi iura tous ſes Dieux, qu'il le
pourſuyueroit: tellemẽt, q̃ ſans ſeiourner, il ordõna, q̃ Mallion demou
reroit en Megida pous prẽdre la deſpouille de leurs ennemys. Et Hercules ſe mit ſur mer auec' douze cents hõmes, & tant exploita à la pourſuyte (qui dura troys iours, & troys nuicts) que Gerion apperceut Hercules, dont il mena grand
dueil: ſi ſe haſterẽt les Heſperiens, & Gerion de gaigner le port de la Cologne, ou ilz
prindrent terre, eſperãt de deffendre le riuaige, qui eſtoit fort à prendre. Lors Geriõ,
qui auoit dix hõmes cõtre vng des Grecs, admoneſta ſes gẽts, & leur remõſtra, que
pour hõneur acquerir, on ne doibt craindre ſa vie, ſi furẽt tous deliberez de mettre à
mort Hercules, & les Gregeois, & ſe diſpoſerẽt pour les garder d'arriuer au port get
tans dards, & pierres troys heures durãt ſi eſpeſſemẽt, q̃ les Gregeois furẽt par ce re-
tardez, & ne pouoient prendre terre. Hercules, cõme demy hors du ſens, ne craignãt
coup partant de main de homme mortel, tout ſeul ſe mit ſus vng petit bateau, & par
treſmerueilleuſe entreprinſe entra au port, cõbien qu'il receut mille coups de pierres,
ou plus: & cõme Hercules frappoit ſur ſes ennemys de tous coſtés les abbatãt morts
par terre à ſon plaiſir, Theſeus, & Hiſpã, auec' cinquãte Gregeois des mieulx armés
s'aduenturerẽt de gaigner le port, dont Geriõ eut grãd douleur, & merueilleuſemẽt
s'eſprouua ſur eulx, tant qu'il en occit dix pour le moins, & pourfendit la teſte iuſques aux dents à vng des compaignons de Theſeus, & en porta par terre vng aultre
tout eſtourdi, & tant feit d'armes, que les Grecs feirent vng grand cry pour auoir ſecours. Hercules fendant la preſſe toſt y courut, & donna ſi grãd coup de ſa Maſſue à
Gerion, qu'il fut contraint ſortir de la preſſe pour reprendre ſon aleine: puis retourna ſur les Grecs aſpremẽt, criant comme demy enraigé, Gerion, Gerion: & feit tant,
que de ſon eſpée durement frappa ſur Hercules, qui lors ſe monſtra bon payeur: car
ſi aſſeurement luy rendit ce qu'il luy auoit preſté, que de ſa Maſſue luy froiſſa la teſte
en cent pieces, & demoura là mort entre les Heſperiens.

Oncques Gerion affommé de la Maffue d'Hercules, côme furent fes
freres, les Hefperiens s'efcrierêt tous, Gerion eft mort, & cheurent en
defolation & defefperäce, tant que les vngs fe laiffoient occire fans côtredict, les aultres s'en fuyoient par boys, & môntaignes, & à vng in-
ftant furent tous defconfits, & perdus : ce voyant Hercules il remercia
les Dieux, & fe prindrent les Gregeois à pourfuyuir les fuyans, tant que les champs,
les montaignes, & defers furêt remplis du fang des Hefperiês. Cefte pourfuyte dura
iufques au foir, puis feit fonner la retraicte Hercules, & les Gregeois fe retirerent en
leurs Galées pour boire & menger, & prendre repos. Les naurez furent penfez, fe
refiouyffant tous, & oubliät leurs douleurs, quand ilz penfoient à la defcôfiture des
Hefperiens. La nuict paffée, & le iour clair, Hercules yffit de fa Galée, & regarda le
port d'vng cofté, & d'aultre, fi luy fembla qu'une Cité feroit là bien feant. Apres il
feit fçauoir à chafcun, qu'il auoit volunté de faire edifier vne Cité, & que la premiere
perfonne, qui viendroit pour y mettre les mains, en auroit domination : vne femme
fut la premiere, qui y vint, & s'appelloit Cologne. Hercules voulut, q̃ du nom d'elle,
la Cité euft nom Cologne. Puis en la remembrance de la victoire, qu'il auoit eue, là
fur le corps de Gerion il fonda vne Tour: & par fon art compofa dedans vne lampe
ardente, que fans y rien mettre de nuict, & de iour ardit l'efpace de troys cents ans.
Oultre ce, fur la fummité de la Tour, compofa vne image de cuiure regardant vers
la mer: & luy bailla en la main vng mirouer ayant telle vertu, que s'il aduenoit, que
gents de guerre fe miffent en la mer, en intétion de vouloir faire mal à la Cité, foub-
dainement leur oft, & leur venue apparoiffoit: & dura iufques au temps de Nabu-
godonofor, qui print Cologne, eftant aduerty du mirouer, & mettant tant de boys
verd fueilleu en fes Gallées, que les Coloniens ne veoient, que boys au mirouer, &
fut ainfi prinfe Cologne: & furêt deftruicts le mirouer, & la lampe. Or pour retourner à noftre propos, Hercules auoir commandé, & conftitué ouuriers pour edifier
la dicte Cité de Cologne, il s'en retourna en Megida, ou luy furent prefentés cents
bœufz les plus beaulx du monde.

Omme Hercules entendoit à peupler le pays de Catalogne, nouuelles
luy vindrēt, qu'ung roy Geant, nōmé Cacus, regnoit en la Cité de Car
thaige, qui par fa tyrãnie auoit occis tous les Roys d'Arragō, & de Na
uarre, leurs femmes, & leurs enfants: & poffedoit à force leurs feigneu-
ries, mefmemēt tenoit en fa fubiectiō tout le pays iufques en Italie. Hercules ennemy des Tyrans, difpofa de fes affaires, puis feit affembler fon exercite, &
vint vers Caftille, ou eftoit le roy Cacus, en la Cité de Carthaige, q̃ feoit pres d'une
mōtaigne, nōmée Montcayo. Hercules paffa par plufieurs Royaumes, & quãd vint
à approcher de Carthaige, Cacus auec' grãd nōbre de Caftilliēs, & Arragōnois alla
au deuant d'Hercules, tant que les armées s'entreueirent en vng lieu, ou depuis Hercules fonda vne Cité, nōmée Tarracene. Adōc' enuoya Cacus vng cheualier à Hercules, qui luy dift: Hercules, fi au roy Cacus quiers auoir paix & amour, ie te falue
de par luy: & fi aultremēt tu viẽs, cōme fon ennemy, ie te deffie en fon nom, & te de-
fends, qu'en fon pays tu n'entres plus auãt: & fi tu y entres, fçaches q̃ tu y trouueras fi
dure encōtre, qu'il n'y aura hōme en ta cōpaignie qui s'en loue. Hercules dit au meffa
gier: retourne à Cacus, & luy fignifie, q̃ bien toft ie luy mōftreray quelle eft la hayne,
que nous auōs aux Tyrans, & qu'il pourra efprouuer fur nous la dure encōtre, dont
les menaffes auōs defia receues. Le Caftillien retourné à Cacus, ilz s'approcherēt les
vngs des aultres, & là cōmença Hercules terrible bataille cōtre Cacus, qui fendit en
deux parties l'efcu d'Hercules, lequel apres dōna à Cacus tãt de fi pefans coups de fa
Maffue, qui ne les pouoit plus fouftenir, & Hifpan, & les Grecs à laide d'Hercules
feirent fi grande tuerie des Caftilliens, & Arragonois, que Cacus acōpaigné de cinquante hōmes, fe faulua fur le Montcayo. Hercules, & les Grecs affaillerēt la Roche:
mais ceulx, qui gardoiēt le pas, defchargerēt fur Hercules tant de pierres, qu'il luy cō
uint defcēdre: fi voua, & iura tous fes Dieux, qu'l ne partiroit d'illec, qu'il n'euft contrainct Cacus à defcendre. Ce Cacus plein de fineffe feit aualler chofes fecrettes à fes
gents, qui iectoient feu, & flamme par la bouche, tant que pour l'obfcurité de cefte
flamme, les Grecs ne fe veoient l'ung l'aultre, par ce Cacus defcendit, & fe faulua.

Oyant Hercules, que Cacus par art magicque estoit eschappé de ses
mains, il dist à Athlas qu'aultremēt ne le poursuyueroit pour celle fois,
par ce que si subtillement il s'estoit saulué:ainsi le iour se passa deuisant
de Cacus, & de Vulcan son pere. Hercules contēpla le pays, ou il estoit
à son plaisir, & affin qu'il fust memoyre de luy, il y fonda vne Cité, qu'il
nomma Terracone:la quelle fondée s'en alla en Salmanque, & là institua estudes pu
blicques en toutes sciences, les quelles durerent iusques au temps, que sainct Iacques
cōuertit l'Hespaigne en la Foy. De Salmanque s'en alla Hercules en Catalongne, &
là feit edifier la Cité de Barselonne:& toutes ces choses faictes & accōplies il rēuoya
Athlas en son pays, il voulut aussi donner congé à Philotetes, mais il respōdit à Her
cules, qu'il aymoit mieulx estre à son seruice, que gouuerner son pays, & ne l'abandonna iusques à la mort. Or quand Hercules eut subiugué, & à soy reduict tout le
pays d'Hesperie, que maintenāt est dict Hespaigne, ce qu'il auoit faict, non pour son
profit particulier:mais pour le bien commun, en extirpāt & corrigeant les Roys tyrants, qui lors y regnoient, comme dessus est dict, dist à Hispan ces parolles : Hispan
pour la preudhomie, que i'ay trouuée en toy, ie te constitue Roy sur tout le pays de
Hesperie, te recōmandant hōneur & vertu. Adonc' Hispan remerciāt Hercules humainement accepta le don, dont le pays fut appellé Hispaigne, lequel gouuerna Hispan long temps en grande paix & tranquillité. Ce faict Hercules enuoya querir ces
bœufz, veaulx, & vaches, & de Barselonne print son chemin vers Lombardie, &
tant alla qu'il arriua pres de Cremone, ou estoient vnze Geants tous freres, filz de
Nelo, le filz de Saturne, qui se disoient tous Roys de celle Cité, & estoient Tyrās &
larrons sur leurs voysins. L'ung d'eulx vint à Hercules luy dire, qu'il n'entreroit en
Cremone, si premieremēt il ne les vainquoit en champ de bataille. Hercules accepta
la bataille, & se combatit cōtre tous les vnze Geants ensemble, & tous les assomma
de sa Massue, reserué Nestor, qui se saulua quand il veit ses dix freres occis. Par celle
victoire fut Hercules Roy de Cremone, qui feit ensepuelir les corps des dix Geants,
sur les quelz il feit edifier vne Tour, puis s'en alla plus auant en pays.

Ercules doncques apres la cõqueſte des Geãts, ordonna gẽts à Cremone pour la gouuerner, & s'en alla en Italie, ou ſans auẽture arriua en vne Cité ſeãt pres du mõt Aduẽtin, ou regnoit vng Roy, nõmé Euãder, qui receut Hercules treshonorablemẽt. Sur ce pas faict à ſçauoir, q̃ quand Cacus s'en fut fuy du Montcayo, ainſi q̃ dict eſt, il s'en vint en Italie tãt deſplaiſant qu'il dõna cõgie à tous ſes ſeruiteurs, & craignãt la fureur d'Hercules, s'en alla retraire ſur le mõt Aduẽtin en vne cauerne grãd' & ſpacieuſe, & là feit ſeul ſes lamẽtatiõs: apres s'adonna à brigãder & piller tout ce qu'il pouoit attaindre, & le portoit en ſa cauerne, qui eſtoit de iour couuerte d'une groſſe pierre de marbre, ſi que aulcun ne s'en po uoit apperceuoir, car de nuict ſeulemẽt il ſortoit pour aller en pillage. Ce Cacus s'en nuyoit ſeul, parce s'en alla vers le Roy Pricus de Calidoyne, qui luy donna l'une de ſes filles en mariage, puis s'en retourna Cacus en la mõtaigne d'Aduẽtin acõpaigné ſeulement de ſa femme, & de ſes deux ſœurs, leſquelles il mit en ſa cauerne le plus ſecretement qu'il peut. Pour retourner doncques en noſtre propos, Hercules vint en la Cité d'Euãder, au tẽps, q̃ ce larron Cacus arrouſoit Italie de ſang humain, & rempliſſoit ſa cauerne de cõtinuelz larrecins. Et cõme Euander eut cõtemplé les bœufz, d'Hercules la nuict venue les enuoya en paſture ſans garde: Cacus qui eſtoit ſorty de ſa cauerne, pour trouuer proye, veit les beſtes de Hercules, & les cogneut, & diſt: voyci les bœufz du triũphe de mõ ennemy: & print quatre bœufz, & quatre vaches à l'eslite: puis les lya auec' vne corde par les queues, & à recullõs les traina en ſa cauerne. Le lendemain quand Hercules veit, qu'il luy falloit quatre bœufz, & autãt de vaches, il monta au mont Aduentin, ou ſe tenoit Cacus, le quel ne pouoit trouuer: toutesfoys quãd il eut deſraciné vng arbre, la racine du quel feit vng trou à la caue de Cacus, Hercules le veit par le trou, & ſes bœufz tuez. Adonc' Hercules aſſaillit Cacus, & par force le feit ſortir de ſa cauerne: ſi ſe defendit Cacus vaillammẽt, tant que le cõbat dura quatre heures, ou plus: mais tant de coups luy dõna Hercules de ſa Maſſue, qu'il le mit par terre, & luy oſta ſa hache, puis le iecta dedans la foſſe, ou il iectoit ſes ordures, & là morut Cacus pourement.

V and le roy Euãder eut veu par experience les forces, & vertus d'Hercules, il luy diſt : Nous auõs eu ſuſpition ſur les Dieux des vexations,
que nous auõs ia pieça endurées: mais maintenãt ie cognois, q̃ toy ſeul
nous à deſcombrez des tenebres, & enluminez de clarté: car ce terrible
Geãt, que tu as par ta force ſubiugué eſt celuy, qui long tẽps a troublée
l'Italie par ſecrets meurdres, couuerts larrecins, & meſcogneuz viollemẽts de fẽmes.
Lors promiſt Euãder, qu'il luy feroit faire vng tẽple, ou ſeroit vng aultel, ſur le quel
feroit eriger ſa remembrance à perpetuelle memoire de la victoire, qu'il auoit eue de
Cacus. Et du cõſentemẽt d'Hercules feit Euãder porter le corps de Cacus en ſa Cité,
& le miſt au cõmun regard de tout le mõde, tant q̃ par toute l'Italie les nouuelles cou
rurent, q̃ Cacus le larrõ eſtoit occis. A dõc' vindrẽt de tous coſtez Roys, & Roynes
remercier Hercules, tant par ce qu'il auoit vaincus les Geants de Cremone, q̃ pour la
mort de Cacus: & entre aultres y vint la Royne de Laurẽce nommée Facua, qui s'en
amoura d'Hercules, & s'en alla en Laurẽce auec' elle, & là feirẽt grãd chiere enſemble: & quand Fannus fut de retour, qui eſtoit mary de Facua, Hercules s'en retourna
au Palays d'Euander, ou vint vng Herault luy ſignifier, q̃ le roy Pricus venoit cõtre
luy à main armée, pour vẽger le ſang de Cacus ſon parẽt, & le lendemain à cinq heures de matin s'aſſemblerẽt les gents d'Hercules, & de Pricus: ſi cõmença Hercules la
bataille, & ſi roidemẽt courut ſur les Calidoniẽs, q̃ cõme fouldre paruint au millieu
de leur oſt, frappãt à droict & à trauers de ſi peſants coups, qu'il occit mille des Calidoniẽs ſans ceſſer, ou plus: puis arriuerẽt Theſeus, Euãder, & les Grecs: & tourna la
deſcõfiture ſur Pricus, & ſur ſes gẽts, qui auec' Pricus ſe ſauluerẽt en la Cité, dõt fut
tres marri Hercules: toutesfoys en habit diſſimulé depuis trouua moyen d'entrer, &
miſt à mort les portiers, & rõpit les ponts leuis, tant qu'il feit ouuerture aux Grecs, ſi
fut prinſe la ville d'aſſault, puis mõta Hercules au palays, ou il trouua Pricus, au quel
il dõna ſi grãd coup d'ung barreau de fer ſur ſon heaulme, que non obſtãt ſes fortes
armes, il l'abbatit tout defroiſsé, & mort à la deſcente de ſon Palays, puis Hercules
trouua Iole fille du roy Pricus, de la quelle il fut amoureux, & en feit à ſon plaiſir.

g

Pres qu’Hercules eut du tout ſubiugué les Calidoniẽs il demeura vne
eſpace de tẽps en Calidoyne faiſant ſon plaiſir auec’ Iole: & a ſes prieres Hercules dõna ſes ſœurs en mariage à aulcũs cheualiers Gregeois,
& leur laiſſa à gouuerner le pays, & le Royaume de Calidoyne. Puis ſe
partit de là, & emmena ſes bœufz, & ſes vaches, & rẽuoya le roy Euan
der en ſa dominatiõ, le remerciãt de ſa cõpaignie, & de l’hõneur, qu’il luy auoit faict.
Hercules auec’ ſon exercite mõta ſur mer pour s’en aller en Grece: & cõme ilz naui
geoient à leur ayſe rencõtrerent vne Gallee de marchants, la quelle Hercules arreſta,
& demãda au patron d’icelle, qu’el port c’eſtoit, qui eſtoit pres d’eulx: & quelle Cité
ilz apperceuoiẽt:lors le patrõ des marchants luy diſt, q̃ c’eſtoit le port de Thrace, ou
regnoit vng Tyrãt nõme Dyomedes, qui faiſoit (diſt le Patrõ à Hercules) menger à
ſes cheuaulx les eſtrangiers, qui ne pouoiẽt payer la rençon qu’il demandoit: & qu’il
eſtoit là pres, & auec’ cent larrõs eſtoit allé à la chaſſe. Hercules, qui eſtoit aſſommeur
des horribles Monſtres, & correcteur des Tyrants, fut ioyeux d’ouyr ces parolles: ſi
diſt a ſes gents, qu’ilz l’attendiſſent, & auec’ Philotetes ſe mit en vng petit bateau, &
tant feirẽt, qu’ilz vindrẽt ſur le riuaige, ou demeura Philotetes, & Hercules print ſa
Maſſue, & s’en alla en la foreſt: ou il trouua le Tyrãt Dyomedes, qui diſt à Hercules
qu’il ſe repẽtiroit d’auoir entré en ſa dominatiõ ſans ſon ſceu, ſi s’aprocherẽt l’ung de
l’aultre, & s’entrefrapperent rudement. Dyomedes d’une Hache groſſe & peſante à
merueille dõna à Hercules vng tel coup ſur ſon Heaulme, qu’il luy feit eſtinceller les
yeulx en la teſte: par ce coup creurent les forces, & le couraige à Hercules, tant que de
ſa Maſſue, ſi dru rechargea ſur dyomedes, qu’il luy rompit gembes & bras, & le mit
par terre : puis s’en alla ſur ſes larrons , & tant frappa a dextre, & a ſeneſtre, que des
cent il en occit ſoixante: apres lya à Dyomedes pieds, & mains , & le feit mẽger à ſes
Cheuaulx. Ce faict Hercules s’en alla en Thrace auec’ ſon armée, & la deliura des lar
rons: & y mit gents au plaiſir du peuple pour gouuerner la Cité: puis s’en alla en Ly
cie, en ſon Palays, ou il fut receu à grande ioye des habitãs, & des voyſins: & là ſe tint
auec’ Iole, la quelle il aymoit grandement.

Ercules se voulant tenir en Licie, dont il estoit Roy, fut de tous ses voy
sins grandemẽt honoré: & par ce, que au monde plus n’estoient Monstres ne Tyrants, que l’on sceut, Theseus print congé de luy, & s’en retourna à Athenes, & en Thebes: si fut dict à Deianira, femme d’Hercu
les, qu’il estoit retourné des Hespaignes, & qu’il estoit descendu en Licie: elle par trop fut esbahie, que point ne luy enuoyoit de ses nouuelles, dont elle se
prepara pour aller en Licie: & quand elle fut prés de la Cité, elle enuoya Lycas son
escuyer à Hercules luy signifier sa venue: Lycas entendit par vng Citoyen, qu’Hercules auoit amenée Iole la plus belle, & la plus plaisante dame du monde: de ces nouuelles Lycas en aduertyt Deianira, la quelle commença de ses propres mains à se
desatourner, se frappant contre l’estomach si rudement qu’elle cheut toute pasmée.
Les dames, & Damoiselles de sa cõpaignie la releuerẽt, & par traict de temps reuint
à soy, lors feit ses douloureuses lamentations, & gemissemẽts, tant que c’estoit chose
pitoyable de l’ouyr, & plus de la regarder, car elle sembloit mieulx morte, que viue.
Si luy persuaderẽt les Damoyselles de s’en retourner pour celle heure à Iconie: mesmement Lycas son escuyer la consoloit tant doulcement, luy disant telles parolles:
Regardez ma Dame, que vous auez affaire, si vous allez vers Hercules maintenãt,
& il ne vous reçoit, cõme il a acoustumé, ce vous sera cause de desespoir: n’y allez pas
donc, le peril y est trop grãd. Et ie vous cõseille le mieulx, ma Dame, q̃ vous retour-
nez en Iconie, & q̃ vous mettez ceste chose en vostre souffrir, en attendãt, que le feu,
& le bruyt de ceste Dame se passe: car Hercules est tout aultre, que les hommes, ou
il se soulera d’elle petit à petit. Deianira considerant, que Lycas la conseilloit loyal-
ment, creut son cõseil, & s’en retourna en Iconie, ou elle se priua de toute ioye mon-
daine, faisant infinis regrets: tant, q̃ de iour en iour augmẽtoiẽt ses douleurs. Le cõti-
nuel cõfort de ses Damoyselles, ne luy pouoiẽt dõner soulas: innumerables deuises
quelles faisoient à ses oreilles ne luy pouoiẽt tollir Hercules de sa memoyre: ainsi vsa
beaucoup de iours esperant qu’Hercules la manderoit. Finablement voyant qu’elle
n’en n’auoit nouuelle, enuoya vnes letres à Hercules, desquelles la teneur s’ensuyt.

Ercules mon seigneur, l'homme du mõde, que plus desire reuoir, ie vous supplie, que vous ayez recommandée vostre humble seruante indigne. Helas, Hercules, Helas qu'est deuenue l'amour du temps passé ? Vous auez ia seiourné plusieurs iours en Licie, & ne m'en auez rien faict sçauoir: certes c'est vng ennuy, la pesanteur du quel excede grandemẽt les forces & constances de mon poure cueur. Ie ne desire point monter es celestes manoirs auec' le Soleil, auec' la Lune, ou auec' les Estoilles, mais sans rompture de cueur franc, desire vostre solẽnelle cõmunication. Ie suis cõtraincte or en droict vous escripre, que l'on m'a dict, que vous auez vne aultre femme q̃ moy. Helas Hercules, ay ie faict faulte enuers vous, pourquoy abandõner me puissez ? par tout le mõde on vous nõme vertueux, si vous me delaissez, c'est cõtre vertu. I'ay veu le tẽps, q̃ vous me mõstries semblant de ioye en baisant, & accolant: & maintenant laissez vous celle, q̃ vous aymies si fermement? Helas, ou sont les tesmoings de nostre mariage? ou sont les eternelz serments, que nous fismes l'ung à l'aultre? Les hõmes sont sourds, & aueugles: mais les Dieux voyent, & oyẽt. Si vous prie q̃ vous cõsiderez, ce q̃ cõsiderer deuez, & q̃ vous tenez plus cher vostre renõ, & hõneur, q̃ l'amour de vostre accointée, qui vous faict errer cõtre vertu: & me mãdez vostre plaisir.   Quãd Hercules eut leu ces letres, il entra en son estude, & seit la respõse succinctemẽt, mãdant à Deianira, qu'il n'auoit aultre femme qu'elle, luy priãt d'affectiõ, qu'elle print en patiẽce cõme dame saige, & noble doibt & est tenue de faire pour son hõneur. Ceste respõse ouye on ne sçauroit dire ne reciter les lamẽtatiõs, gemissemẽts, & regrets, q̃ Deianira faisoit tous les iours, escriuant à Hercules lettres sur lettres: tãt qu'Hercules dist à Lycas, qu'au retour du sacrifice, qu'il alloit faire à Apollo, il s'en yroit vers Deianira, ou y enuoyroit. Lycas reporta ces bõnes nouuelles à Deianira, dont elle fut vng peu recõfortée: si luy souuint de la poison, q̃ luy auoit dõné Nessus à l'article de la mort, & pẽsant par celle poison retraire Hercules à son amour, cõme Nessus auoit dict, elle mist bouillir vne chemise auec' ceste poison, qu'elle donna à Lycas, pour la porter à Hercules, en luy priant de par elle, qu'il la voulust vestir. Lycas s'en alla, ou il sçauoit qu'Hercules estoit allé, & le troua en la forest, qui auoit prins vng Cerf à la course pour sacrifier, & comme ilz estoient prests de mettre le Cerf au feu, Lycas arriua, qui dist à Hercules: Sire, voicy vne chemise, que vostre femme Deianira vous enuoye, vous priãt affectueusement, que la vesties pour l'amour d'elle. Hercules print la chemise, & la vestit, & tost apres que la poison eut touché sa chair, il sentit vne douleur mortelle, & la voulant deuestir il arrachoit sa chair, tant estoit collée la chemise sur sa peau : la poison le trãsperça iusques au cueur, son sang bouilloit, sa chair estoit ia toute cuicte & bruslée: lors il empoigna Lycas par la teste, & le iecta si rudement cõtre vng Rocher, qu'il le tua: & quand il veit, que la mort le pressoit, leuant ses mains, & ses yeulx vers le Ciel, dist: O Deianira mauldicte serpẽte, ta faulse ialousie plus a de pouoir à ma vie exterminer que n'ont eu tous les monstres du monde: & affin, qu'il ne soit dict, que le vainqueur des hommes, & des monstres soit par vne femme vaincu, ie ne passeray l'amer passaige de la mort par les Sorceries, mais par le Feu, qui est le plus excellent de tous les Elements.   Ces doloreux mots finis, Hercules donna à Philotetes son Arc, & ses Saiettes, & luy pria, qu'il le recommandast à ses amys, puis se coucha au Feu, leuant les yeulx, & les mains vers le Ciel : & là consumma le cours de sa tresglorieuse vie: Iole en mourut de dueil, & Deianira se occist.

S'enſuyt la Tierce partie du Recueil des Hiſtoyres de Troye, Nouuellement abregé.

Aux deux Parties precedentes ſont conte-
nues les deux Deſtructions de Troye, faictes par Hercules, au temps de
Laomedon, qui à la premiere Deſtruction ſe ſaulua, mais à la ſeconde fut
occis par Hercules, & ſa fille Exionne fut menée en Grece par Thelamon, la quelle luy auoit donnée Hercules, par ce, que le premier ſe trouua
en la Cité de Troye, prinſe la ſeconde fois par le dict Hercules. En la premiere Deſtruction, fut auſsi prins priſonnier Priam, & mené à Thebes:
& le deliura Lyncus, qui le trouua en ſeruage, quand il eut occis Creon,
Roy de Thebes. Depuis Laomedon enuoya ſon filz Priam en Orient
pour ſes affaires: ce pendant, & en ſon abſence fut faicte la ſeconde Euer-
ſion de Troye, & ſon pere Laomedon occis, comme il eſt dict es deux
premieres Parties. Et en ceſte troiſieſme ſera traicté de la Generale, &
perpetuelle Deſtructiõ de la dicte cité de Troye, faicte par Agamēnon,
Menelaus, & les Grecs, à cauſe que Paris, aultrement dict Alexandre,
filz de Priam, rauit la belle Helene, femme du dict Menelaus.

g 3

E N ce temps, que la seconde Euersion de Troye fut faicte par Hercules, & Laomedon occis, Priam (côme il est dict en la seconde partie) estoit en Orient, par le cômandemét de son pere : & auec' luy auoit sa femme Hecuba, fille du fort, & puissant Roy de Thrace, nommé Pilex : de la quelle il eut cinq filz tous vaillans, & nobles hommes, & troys filles belles à merueilles. Le premier, & aisné filz auoit nom Hector, qui estoit le meilleur, & le plus preux Cheualier du monde. Le second auoit nom Paris, & en surnom

Alexandre:le tiers Deyphebus,le quatriefme Helenus, & le cinquiefme, & dernier
auoit nom Troilus,tous nobles,& vaillants Cheualiers, comme fera dict cy aprés.
Aulcuns dient,& mefme Virgile,que Priam eut deux aultres filz:à fçauoir Polido-
rus,& Ganymedes,que Iupiter rauit,& en feit fon boutillier, cõme recitent les Poë-
tes.Oultre ce il eut trente baftards de plufieurs femmes,qui furent tous preux,& har
dis. L'aifnée fille de Priam,auoit nom Creufa,la feconde Caffandra, & la tierce Polixene,de la quelle fut amoureux Achilles grec.Or cõme le roy Priam en pays eftran
ge eftoit occupé en faict de guerre, fa femme,& fes enfants eftant auec' luy , les nouuelles luy vindrent,que fon pere eftoit occis, fa fœur Exionne rauie par les Grecs, &
par eulx mefmes fa Cité deftruicte,& ruinée,dont Priam aduerty,toutes chofes cef-
fantes,haftiuement retourna à Troye,la quelle trouua non en telle defolatiõ:mais en
trop plus grande,ḡ ne luy auoit efté dict:par ce luy , fa femme,& fes enfants menerẽt
vng grand dueil.Si luy perfuaderent fes amys de la réedifier . Et pour ce faire à diligẽce feit venir tous les maçõs du pays,& la feit claure de haulx murs gros,& efpaix,
& de groffes,& puiffantes Tours de marbre,& tant la fortifia,qu'elle ne debuoit iamais doubter fes ennemys.Elle eftoit fi grãde , que le circuit cõtenoit troys iournées
d: chemin,ou plus:par ce l'appellent les Hiftoriographes,Troye la grande.En icelle
ordonna Priam de faire fix portes principales,dont l'une auoit nom Dardane: la feconde,Timbria:la tierce,Elias : la quarte,Chetas : la quinte,Troyenne : la fixiefme,
Ammorides . Ces portes eftoient tresbelles , & de forte defenfe; & dedans la Cité
eftoient plufieurs belles,& fortes places,les maifons richement edifiées , & habitées
d: toutes fortes de gents,tant de meftiers,que de marchants, qui alloient, & venoiẽt
en toutes les parties du monde. Par le milieu de la Cité couroit vne grande riuiere,
nommée Paucus,portant Nauires,& bien propice, & duifante pour les habitants:
tant,que pour la grand' commodité du Fleuue,tous ceulx du pays fe retiroyent en la
Cité , & fut lors plus peuplée de toutes gents , qu'oncques n'auoit efté du temps de
Laomedon.En la plus apparẽte place de la Cité,en vne roche feit faire le roy Priam
fon riche Palays,qu'il appella Ilion,qui fut l'ung des riches , & excellent edifice, qui
oncques fut au monde : les murs du dict Palays auoient cinq cents pas de haulteur,
tout enuironnés de Tours de marbre entaillée bien richemẽt . En ce Palays feit aufsi
faire vne Sale grande & fpacieufe,ou il feit dreffer vng fiege Royal aorne de toutes
pierreries riches,& biẽ eftimées:la table,les bancs,& tout ce que duifoit à miniftrer
à boire,& à mãger eftoit d'or,& d'argẽt:& en l'ung des coftés de la dicte falle eftoit
vng Aultel d'or, aorné de riches pierres pretieufes, qui defdia à Iupiter leur Dieu,
deffus lequel eftoit l'imaige du dict Iupiter erigée, de quinze piedz de haulteur, &
pour adorer failloit monter vingt degrez, qui eftoient faicts de fin yuoir blanc, &
luyfant comme Criftal . Or ce feroit chofe trop prolixe , & plus toft ennuyeufe au
Lecteur,que recreatiue,de defcripre toutes les richeffes , & antiquités, qui eftoiẽt en
ce Palays:car par ce qu'en auons dict on peult confiderer , que le roy Priam fut fi cu-
rieux à la réedification de fa Cité,qu'elle fut en toutes chofes fi parfaicte, & tant bien
edifiée,qu'elle fut dicte la plus belle Cité du monde.

Vand Priam veit ſa Cité parfaicte, tresforte, & bien peuplée, il luy ſouuint des iniures, q̄ les Gregeois luy auoiēt faictes, & penſa long temps
cōmēt il s'en pourroit vēger. Lors il aſſembla vng iour tous ſes Barōs
& tint court ouuerte. A celle aſſemblée n'eſtoit point ſon filz aiſné Hector: ains eſtoit es parties de Pannonie pour les affaires de ſon pere, par
ce q̄ Pānonie eſtoit ſubiecte au roy Priam: le quel voyāt ſes Barōs, ſeigneurs, & fami-
liers aſſemblez, diſt: Mes hōmes, & amys loyaulx, vous ſçauez cōmēt les Gregeois
par leur orgueil ſont venus en ce pays, & ont occis vos parēts, & les miēs, & tiēnent
ma ſœur Exiōne en ſeruitude cōme vne putain, & aultres maulx infinis, qu'a grand
tort ilz nous ont faict. Et pour ces choſes me ſemble, q̄ ſeroit choſe licite, q̄ tous enſemble prinſiōs vēgeāce de ces iniures. Vous ſçauez quelle cité nous auōs, & cōmēt
elle eſt peuplée de bons cōbatans, & de tous biēs & richeſſes: & premieremēt, ſi bon
vous ſemble, i'enuoyray aulcuns vers eulx prier, & requerir, qu'ilz me rēdēt Exiōne
ma ſœur, & ie ſeray cōtent de toutes ces aultres iniures pardōner. Tous les aſſiſtens
louerēt les parolles de Priam, & leur ſembla bon. Lors appella Priam Anthenor, &
le pria qu'il entreprint celle legatiō en Grece: ſi fut toſt vne nef appareillée, & mōta
Anthenor dedans auec' ſes gēts, & arriuerēt premieremēt en Theſſallie, ou eſtoit le
roy Peleus, qui ayāt entēdu le cōtenu de la charge d'Anthenor, le menaça de le faire
mōrir, ſi plus il ſeiournoit en ſon pays. Adonc' Anthenor ſe part haſtiuemēt, & s'en
alla en Salmine vers Thelamō, qui luy feit reſponſe, qu'il ne rendroit Exiōne, qu'a la
poincte de l'eſpée. De là s'en alla en Thaye, ou il trouua Pollux, & Caſtor, qui le deſ-
chaſſerēt rudemēt: puis vint en Pilon vers Neſtor, qui luy feit reſpōſe plus ſuperbe
q̄ les aultres. Lors Anthenor eſpouēté des reſpōſes des Gregeois, tāt des vngs, q̄ des
aultres, ſe mit ſur mer auec' ſes gents, & tant nauigerent, qu'ilz arriuerent au port de
Troye, & s'en allerēt droit au palays d'Ilion, ou Anthenor trouua Priam, qui eſtoit
auec' ſes Filz, & ſes Barōs, & en la preſence de toute l'aſſiſtence racompta par ordre
tout ce qu'il auoit trouué en Grece, cōme eſt dict cy deſſus: dont Priam fut fort troublé, & dolent des opprobres qu'on auoit faict à ſon Meſſagier.

PRiam donc' fut certain, que les Grecs estoient ses ennemys , & qu'il ne
pourroit sa sœur Exionne recouurer, par doulce voye : dont esmeu, &
plein de courroux delibera en soy, qu'il enuoyroit vne grãde armée en
Grece pour dommaiger les Gregeois: si feit de rechef assembler ses Ba
rons, & tout son conseil, & leur dist : Mes amys, vous voyez le grand
oultraige, que me font les Grecs, qui non contents des iniures, qu'ilz ont faictes le
temps passé à vos parents, & aux miens, & que depuis me font retenant ma sœur cõ
me vne putain, dont i'ay vng tresgrãd dueil, ont de present deschassé mon Ambas
sade le menassent de le faire morir à tourment, ce sont iniures & opprobres, qui par
tent de cueurs enuenimés, & mauldicts: par ce seroit bon de leur mõstrer quelle puis
sance nous auõs, & d'enuoyer en Grece vne partie de nos forces pour les dõmaiger.
Les assistés louerẽt l'entreprinse de Priã, dõt il fut resiouy: puis il appella tous ses en
fants, & premieremẽt en demãda l'aduis à Hector, qui sai gemẽt luy respondit, q̃ c'e
stoit chose plus louable de se abstenir, q̃ de cõmencer chose dõt la fin soit dãgereuse.
Paris, non cõtent de ceste respõse se leua, & pour persuader à son pere qu'il cõmeçast
la guerre cõtre les Grecs, il dist: q̃ s'il luy vouloit bailler gents , qu'il iroyt de tresbon
cueur, & feroit chose dont il auroit ioye: oultre plus pour mieulx persuader luy dist,
que luy estãt en l'Inde la mineur, cõme il estoit à la chasse s'endorma dessoubs vng ar
bre, & en dormãt s'apparurẽt à luy les troys Déesses, Iuno, Pallas, Venus , & Mer
cure, qui luy dist. qu'il feisse le iugemẽt de la beaulté d'elles, pour ce faire Iuno luy pro
mist noblesse, Pallas science, & Venus luy promist la plus belle femme de Grece : &
cõme il eut cõtẽplé la beaulté de toutes, il dõna selõ son iugemẽt la põme à Venus,
cõme à la plus belle: ce faict Venus luy recõferma sa dicte promesse. Lors Deiphebus
dist, q̃ le cõseil de Paris estoit tresbon. Helenus dõna cõseil , q̃ Paris n'allast point en
Grece, aultremẽt seroit Troye destruicte. Troilus le dernier tilz cõseilla à son pere,
qu'il se debuoit vẽger des Grecs: les aultres cõme Parthus, & sa fille Cassãdra luy di
soient, quil s'en repẽtiroit si Paris alloit en Grece, luy priant, qu'il feit selon le conseil
d'Hector: mais Priam n'en voulut ouyr parler, & demeura en son propos.

E prouerbe commun, dict:que tel, qui pense vēger son dueil, que souuēt il l'acroist, cõme aduint au roy Priam, du quel toutes les raisons, & meures, & deliberees persuasions du preux Hector, n'eurent puissance de diuertir le cueur, ains enuoya Paris, & Deiphebus en Pannomie, querir gents d'armes, lesquelz reuindrent, & amenerent auec' eulx troys mille Cheualiers preux, & hardis. Vingt & deux grosses Nefz furent appareillees, & tost garnies de tout ce qui estoit necessaire pour nauiger. Lors Priam appella Eneas, Anthenor, & son filz Polidamas, & leur pria, & cõmanda, qu'ilz allassent en Grece auec' Paris, & Deiphebus: puis dist Priam à Paris, qui se gouuernast selon leur cõseil: & sans tenir aultre propos Paris, & Deiphebus, Eneas, Anthenor, & Polidamas prindrēt cõgé du Roy, & de leurs parents & amys: puis mõterent sur mer, & tirant vers Grece rencontrerent vne Nef, dedãs la quelle estoit Menelaus, qui s'en alloit vers le Duc Nestor, qui l'auoit mandé. Cestuy Menelaus estoit mary de la belle Helene, qui estoit sœur du roy Castor, & Pollux. Les troyēs arriuerēt en l'Isle de Cytharée, ou y auoit vng tēple de Venus tres anticque, qui estoit plein de richesses, & y celebroit on lors la principalle feste de Venus, & y estoiēt venus grãd nõbre d'hõmes, & de femmes, du pays d'enuirõ: les Troyēs demeurerēt au port: & Paris, qui estoit vng des beaulx cheualiers du mõde auec' Eneas, & quelque nõbre de gents des mieulx parez, & accoustrez s'en alla pour veoir la feste: la renommée de Paris vint à Helene, la quelle estoit venue à la solēnité de Venus: elle desirãt le veoir, alla au temple: & quand elle veit Paris, qui tant estoit beau, d'aultre chose ne luy challoit, que de le regarder. Paris pareillemēt cõmença à cõtempler la grande beaulté d'elle, la perfection de son corps, & son beau maintien, si que Paris la tint la plus parfaicte du monde, cõme certes elle estoit, car nature en elle tãt en don d'esperit, & don de bõne grace, qu'en la facture de son corps, n'auoit riē oblié. Lors souuint à Paris de la promesse de Venus qu'elle luy auoit faicte en dormant, & tost fut son cueur saisy de l'amour de la belle Helene, & Helene pareillemēt de l'amour de Paris, si s'approcherent l'ung de l'aultre: & quand ilz eurent parlé ensemble, Paris & ses gents s'en retournerent en leurs Nefz.

Vand Paris fut retourné du tẽple de Venus en ſa Nef, le iour cõmençoit à decliner, par ce ne peut cõmunicquer à ſes gẽts ce qu'il pẽſoit:car
Cupido tellement auoit ſaiſy ſon cueur de l'amour de la belle Helene,
que toute la nuict ſon eſperit labouroit à pẽſer cõmẽt il la pourroit cõ-
queſter. Et cõme le iour cõmençoit à s'eclarcir, il appella ſon frere Deiphebus, Eneas, Anthenor, Polidamas, & auſsi les plus grands de ſa compaignie, &
leur diſt. Mes amys, vous ſçauez aſſés, que le Roy mon pere nous enuoie en Grece,
pour recouurer ſa ſœur Exiõne, & q̃ ſi ne la pouõs recouurer, q̃ nous les dõmaigeõs
en quelque ſorte q̃ ce ſoit: quant à Exiõne, il ne nous eſt poſsible de la recouurer, car
elle eſt en main trop forte:par ce deuõs entẽdre, q̃ les Dieux maintenãt nous ont pre
ſenté le moyen de nous pouoir vẽger, voyãt q̃ nous ſommes cy arriuez en Cytharée,
ou ſont venus des plus nobles Citoyẽs de ce pays à la feſte de Venus, & ſi eſt le tẽple
rẽply des plus nobles dames de ce pays: meſmemẽt y eſt la royne Helene, qui eſt Dame de ce pays, & femme du roy Menelaus, ce tẽple auſsi eſt plein de toutes richeſſes.
Parquoy, s'il vous ſemble bon, ie ſuis d'opinion q̃ ceſte nuict nous entrõs au temple
tous armés, & prẽdrõs hõmes & femmes, & tout ce q̃ nous y trouuerõs, ſpecialemẽt
la belle Helene, qui eſt dame de pris:car ſi nous la pouõs mener iuſques à Troye, facilemẽt pour elle ilz rendront Exionne, ſi vous prie de bon cueur qu'y aduiſez, puis
qu'auõs le tẽps, & le moyẽ de nous vẽger. Lors les Troyẽs furẽt de diuerſes opiniõs,
toutesfoys ilz cõclurẽt qu'ainſi ſeroit faict cõme Paris l'auoit deuiſé. A tant la nuict
venue les Troyẽs s'armerẽt, & les vngs demeurerẽt en leurs nefz, les aultres s'en alle
rent vers le tẽple pas à pas, & le plus doulcemẽt, q̃ leur fut poſsible ainſi armez entre
rent dedẽs, & à peu de defence prindrẽt tous ceulx & celles, qui y eſtoiẽt. Paris n'en-
tendoyt qu'a Helene, la quelle il print par la main doulcemẽt ſans faire aulcun effort,
& ſes Damoiſelles auec' elle, & les menerẽt en leurs nefz, puis cõmencerẽt à piller, &
prendre tout ce qu'il leur ſembloit bon, frappãt ſur tous à dextre & à ſeneſtre, & em-
porterẽt les richeſſes du tẽple, & rentrerẽt dedens leurs nauires à diligẽce, puis leurs
voilles à mõt, nauigerẽt tãt qu'au ſeptieſme iour ilz arriuerẽt au port de Thenedon.

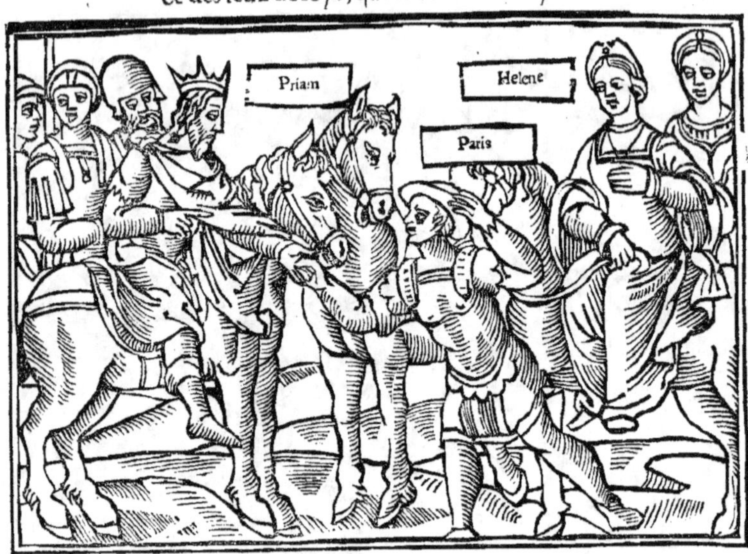

Ncontinant, que Paris fut au port de Thenedon, il enuoya vng sien
messagier à son pere luy signifier sa venue, & l'aduertir, qu'il amenoit
auec' soy la belle Helene, femme du roy Menelaus, auec' plusieurs aultres prisonniers, qu'ilz auoient conquestés sur les Grecs, dont fut fort
ioyeux le roy Priam: qui cõmanda par toute la Cité, qu'on feit feste so-
lennelle pour ces nouuelles. Pour retourner à nostre propos, quãd Paris eut enuoyé
son sus dict messagier à Troye, Eneas, Anthenor, & Polidamas, s'en allerent visiter
les prisonniers, & faire descharger les nauires, & porterẽt toutes les richesses, qu'ilz
auoiẽt prins en Grece au chasteau de Thenedon, ou pour celle nuict menerent leurs
prisonniers. Paris ne s'entendoit sinon à cõsoler la belle Helene, qui ne cessoit de plorer, & gemir, & de regretter à grands souspirs son mary, ses freres, sa fille, son pays,
& ses amys: & estoit son cueur tãt oppressé de douleurs, & d'ennuys, qu'elle en lais-
soit le boyre, & le mẽger. Paris la recõfortoit le plus doulcemẽt, qu'il pouoit, luy re-
monstrant par belles & amyables parolles, q̃ par se cõtrister & mal mener elle ne pouoit recouurer ce qu'elle auoit perdu: & tãt vsa enuers elle d'aultres & semblables re-
mõstrãces doulces & amoureuses, qu'elle cessa de plorer. A tãt la nuict se passa, & le
lendemain il la feit vestir, & parer le plus honorablemẽt qu'il peut, puis la feit mõter
sus vng riche palefroy, & aussi feit il les aultres prisonniers chascun selon son degré:
& puis monterẽt à cheual luy & Deiphebus, Eneas, Anthenor, & Polidamas, auec'
tous les nobles de leur cõpaignie: & tous ensemble s'en allerẽt vers Troye ioyeuse-
ment. Là leur vint au deuãt le noble roy Priam, acõpaigné des nobles de sa Cité, qui
feit hõneur à tous, specialemẽt à Helene, s'aprochãt d'elle, & deuisant auec' elle familieremẽt: à l'entrée de la Cité trouuerẽt les Citoyẽs, qui se resiouyssoiẽt de leur venue:
les haulboys, clairõs, trõpettes, & tous instrumẽts musicales sonnoiẽt de tous costés,
& en telle ioye vindrẽt iusques au Palays de Priam, & luy mesme ayda Helene à descendre, puis par la main la mena en la Salle, ou elle fut festoyée sumptueusement.
La nuict passée Paris par le gré de son pere print Helene à femme & l'espousa au tẽple de Pallas: par ce renforça la feste par la Cité, qui dura huit iours tous entiers.

Assandra seconde fille du roy Priam fut vierge, & aornée de sciences, & par don des Dieux sceut les choses à aduenir. Côme donc' elle sceut, que son pere estoit deliberé de retenir Helene par force, & aussi, que son frere Paris l'auoit prinse en mariage, aussi vrayement sceut elle, que par ce son Pere, sa mere, & ses freres seroient tuez, & occis, & la Cité destruicte & ruynée : & combien qu'elle en eut par plusieurs fois aduerty son pere, non obstant il a tousiours perseueré en son opinion, ne tenant compte des propos de Cassandra, par ce elle preuoyant la malheureuse, & infortunée yssue de ceste entreprinse, commença à crier, & se demener, comme celle, qui est du tout priuée de ses sens, & disoit pleinement à tous ceulx, qui faisoyent feste par le commandement du Roy. O malheureux Troyens, pourquoy vous resiouyssez vous des nopces de Paris, dont tant de maulx sont à aduenir, & pourquoy vous verrez vostre mort, & de vos filz, qui seront occis deuant vos yeulx, & les maris deuant leurs femmes à grand' douleur? Ha noble Cité de Troye, comme tu seras destruicte, & ruynée. Ha malheureuses meres, quelle douleur vous aurez, quâd vous verrez demembrer vos petits enfants deuant vos yeulx. Ha Hecuba chetiue, & malheureuse, ou prendras tu l'eaue, que tu ploreras de la mort de tes enfants? Ha gents aueuglés, que ne renuoyez vous Helene, & la rendez à son vray mary, auant que les espees de vos ennemys vous viennent cruellement occire? pensez vous, que ceste peine vous demeure impunie? Ha malheureuse Helene, tu nous feras souffrir maints tourmêts, & maintes grandes douleurs. Et comme Cassandra ainsi se tourmentoit, le roy Priam la feit prendre, & enfermer en vne basse prison, ou elle demeura par plusieurs iours, ne cessant de crier, & predire les inconueniens, qui aduindrent aux Troyens. Or touts ces crys, ne toutes les bonnes raisons du noble Hector, & d'Helenus son frere ne peurêt oncques changer en rien le cueur du roy Priam, qui estoit trop ioyeux de la prinse de la belle Helene, & prenoit grâd plaisir a la veoir: mais il luy aduint ce qu'on dict communement, pour vng plaisir mille douleurs : car luy, & tous les siens en furent occis cruellement, comme cy apres est declairé.

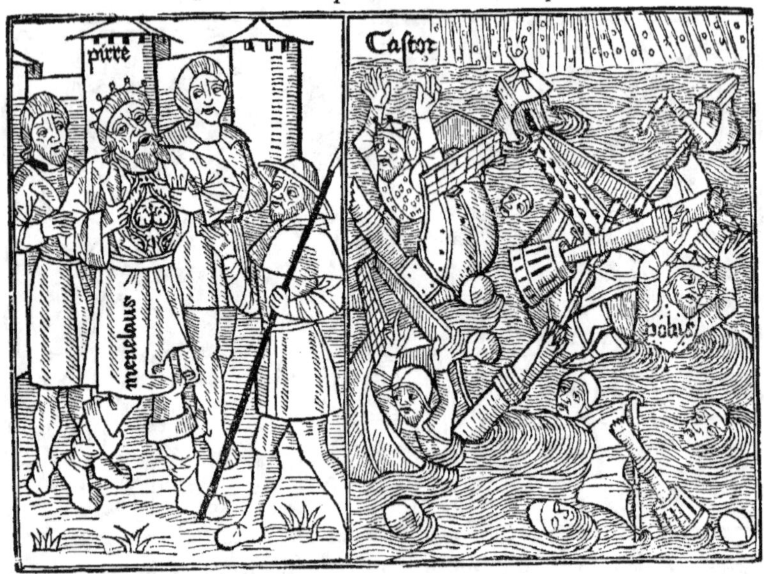

O R comme ces chofes fe faifoient Menelaus, qui feiournoit à Pirrhe entendit par vng meffagier, que Paris, & les Troyens auoient prinfe, &
emmenée fa femme Helene, dont il demena fi trefgrand dueil, qu'il en
penfa morir. Neftor s'en alla vers luy haftiuement, & le reconforta le
mieulx qu'il peut, & le cõduift iufques en fa terre, ou vint Agamẽnon
fon frere, qui le voyãt demener tel dueil, luy dift: Ha mon frere, vous fçauez, que par
pleurer ne peult on vengeãce de fon dueil auoir, par ce ie vous prie, q̃ ceffez de pleurer, & gemir, & taifez voftre dueil le plus, que vous pourrez, car par fe contrifter on
donne douleur aux amys, & ioye aux ennemys. Vous fçauez, q̃ le tort qu'on vous a
faiƈt, touchent tous les Roys, & Princes de Grece, qui à force d'armes prendrõt vengeance des iniures, que Paris vous à faiƈtes. Ces parolles finées Menelaus remercia
fon frere, & les aultres de leur bon cõfeil, fi penfa apres par quel moyen il s'en pourroit venger: de ces nouuelles furent incõtinent aduertis tous les Roys, & Princes de
Grece, mefmemẽt la renommée en vint iufques à Pollux, & Caftor freres de la belle
Helene, lefquelz à grãde cõpaignie de gents d'armes fe mifrent fur mer pour aller à
Troye recouurer leur diƈte fœur, mais cõme le troifiefme iour ilz nauigeoiẽt à diligence, la tourmẽte en mer s'efleua fi merueilleufe, & tant impetueufe, que tous furẽt
peritz, & leurs vaiffeaulx enfondrés, & diffipés par la tempefte. Les Poëtes dient,
que Pollux, & Caftor furent tranflatés auec' les Dieux au ciel Zodiacque, & mués
au figne des Iumeaulx, par ce qu'ilz eftoiẽt freres germains. De la mort de ces deux
freres en vindrent auffi incontinant nouuelles à Menelaus, & luy dift on, comme il
s'eftoient mis en chemin pour aller à Troye, recouurer fa femme, leur fœur. Adonc'
cõmença fa douleur à croiftre au double: difant, que ce fuft efté chofe trefprofitable,
qui au berceau eut faiƈt morir Helene: car par elle feroiẽt maints hõmes de pris tués,
& mis à mort cruelle: & par cõfequence feroiẽt faiƈtes plufieurs vefues, & orphelins.
A tant Menelaus plus animé cõtre les Troyẽs, que deuãt, enuoya par toute Grece à
tous les Roys meffagiers expres, les prier, qu'ilz luy vinffent ayder à corriger la
faulte des Troyens, & de Helene fa femme: ce qu'ilz feirent à grand' diligence.

Enelaus fut diligent d'enuoyer Messagiers, & Ambassades à touts les
Princes, Roys, Ducs, & Barons de Grece, qui vindrēt tous à son man-
dement pour luy ayder à recouurer sa femme Helene, lesquelz feirent
leur assemblée à Athenes; on ne trouue par escript, ne aussi par memoy
re d'hōme, que depuis que le mōde fut creé, se soit faicte pareille assemblée, tant de Nauires, q̄ de Cheualiers, q̄ lors feirēt les Grecs à Athenes. Agamēnon
premieremēt, qui estoit chef, & prince de tout l'ost des Grecs, de sa part y amena cēts
nefz biē equippées de gēts de toutes choses necessaires aux armes. Le roy Menelaus
son frere, soixante nefz. Achelaus, & Prothenor du Royaume de Boëcĳe, cinquāte
nefz. Astalaphus, & le conte Helenus du pays d'Iconie trēte nefz. Les roys Epirco-
pus, & Thedius, trēte nefz. Le roy Thelamon, cinquāte nefz; en sa cōpaignie furēt
le duc Theucer, le duc Amphymacus, le cōte d'Action, & le conte Theseus, & plusieurs aultres nobles hōmes. L'ancien duc Nestor de sa prouince de Pilon, cinquāte
nefz. Le roy Thoas, cinquāte nefz. Le roy d'Axannois, cinquāte nefz. Le roy Thelamon Chileus, trente six nefz. Polibetes, & Amphimacus, trente deux nefz. Le roy
Iduneus, & le roy Mireorū de Crete, octante deux nefz. Le roy Vlysses de Thrace,
cinquāte deux nefz. Le duc Mebus, douze nefz. Les ducs Prothocatus, & Prothesilaus, cinquante nefz. Colessis de Cresonne, vingt quatre nefz; auec' le quel estoit le
roy Machaon, & le roy Pollidris son filz. Achilles, cinquāte deux nefz. Le roy Cele
phaus de Rodes, vingt deux nefz. Euriphilus d'Othomene, cinquāte nefz. Les ducs
Antiopus, & Amphimacus de rusticaire, treze nefz. Le roy Polibetes, & le duc Lo
pius, soixante deux nefz. Le roy Diomedes d'Arges, octante deux nefz; & eut en sa
cōpaignie Thelenus, & Curialus. Le roy Poliphebus, neuf nauires. Le roy Simeus,
treze nefz. Le roy Protoylus, cinquāte deux nefz. Le roy Carpenor, cinquāte deux
nefz. Le roy Checorius, vingt quatre nefz. Tous les dessus dicts furent en nombre
tant Roys, que Ducs, soixante neuf, & assemblerent au port d'Athenes, douze cēts,
& vingt quatre nefz, sans y comprendre le duc Palamedes, filz du roy Naulus, qui
vint le dernier auec' son estat, comme il sera dict cy apres.

Vand les Roys, & Princes de Grece furent ainſi aſſemblez au port de
Athenes, Agamēnon chef de tout l'oſt, aſſembla tous les nobles de ſa
cōpaignie pour tenir cōſeil, voulant le tout faire, & cōduire par meure
deliberation. Cōme donc' ilz furēt aſſemblez envne plaine, Agamennon leur diſt : Il eſt tout notoire à vng chaſcun de vous, mes ſeigneurs,
& amys, les grandes iniures, & dōmaiges, que les Troyēs nous ont faictes, parquoy
nous auōs cauſe de prendre vengeance à force d'armes, affin que deſormais eulx, ny
aultres n'entreprenent ſur nous en aulcune maniere: car, qui ſouffreroit telles iniures par diſſimulations, ilz nous pourroient encores plus greuer, qu'ilz n'ont faict.
Nous ſōmes cōme vous voyez aſſemblez à ſi grāde puiſſāce, que biē ſeroit hors du
ſens celuy, qui preſumeroit s'eſleuer, pour cōbatre cōtre nous. Et par ce que ie ſçay,
que les Troyēs ſont aduertis, q̄ nous allōs ſur eulx, & qu'ilz ſe ſerōt garnis cōtre noſtre venue de gents d'armes, il me ſembleroit bon, qu'auant partir de ce port, q̄ nous
euſſiōs la reſpōſe des Dieux touchāt ce q̄ voulons faire, & entreprendre. Adōc' tous
louerēt l'opinion d'Agamēnon, & eſleurēt Achilles, & Patroclus, qui s'en allerent
en Delphos demāder reſpōſe au Dieu Apollo, le quel, apres leurs oblations faictes,
reſpondit: Achilles, retourne aux Grecs, qui t'ont icy enuoyé, & leur dis qu'ilz feront pluſieurs batailles deuāt Troye, & à la fin aurōt victoire, & deſtruirōt la Cité,
& occirōt Priā, ſa femme, & ſes enfans. De ceſte reſpōſe furēt Achilles, & Patroclus
bien ioyeux, & cōme ilz vouloiēt ſortir du tēple, vng eueſque de Troye, nōmé Calcas, q̄ Priam y auoit enuoyé pour auoir reſpōſe auſſi du Dieu Apollo pour ceulx de
Troye, feit ſes oblatiōs, & demādes. Au quel Apollo reſpōdit; Calcas, garde toy de
retourner à Troye, mais va auec' Achilles vers les Gregeois, car ilz auront victoire
des Troyens par la volunté des Dieux, & pour ce faire leur ſeras treſneceſſaire en
conſeil. Ceſte reſponſe faicte Calcas apperceut Achilles, & Patroclus, qui eſtoient
encores au tēple, ſi leur feit cognoiſſance, & leur diſt, q̄ Priam l'auoit la enuoié : puis
s'en alla auec' eulx au port d'Athenes: ou Achilles le preſenta à Agamēnon, au quel
il diſt la reſponſe, que luy auoit faict Apollo, dont furent fort ioyeux tous les Grecs.

I les Grecs furent diligens de pourueoir à leurs affaires, les Troyens pa
reillement faiſoient leur debuoir d'aſſembler Roys, & Princes de tous
coſtez pour eſtre munis de defence alencontre de leurs ennemys. Et cõ
me il ne ſoit choſe ſi ſecrette, qu'elle ne ſoit toſt, ou tard reuelée: pẽdant
que les Grecs auoient faicte leur aſſmblée à Athenes, y eſtoit vng mar
chant Troyen, nommé Sentipus, que voyant qu'ilz s'aſſembloient à ſi grand nom
bre, qu'il eſtoit impoſſible de les nombrer, & non à moindre puiſſance, que s'ilz euſ
ſent entreprins de conqueſter non la Cité de Troye, mais l'uniuerſel monde: haſtiue
ment comme fidel, & loyal à ſon Seigneur s'en retourna à Troye, & en aduerty le
roy Priam à la verité, dont il fut, & les Troyẽs tout troublés: toutesfoys Priam ſans
ſe trop effraier de la puiſſance de ſes ennemys, enuoya incontinant meſſaigiers à tous
les Roys ſes voiſins, & amys, pour venir à ſon ſecours: qui y vindrent tous, & leur
puiſſance. Premierement vindrent en l'ayde de Priam, les roys Pandorus, Galior,
& Andraſtus, auec' troys mille Cheualiers armés. De la prouince de Tholoſon vin
drent les Roys Caitas, Amaſius, Neſtor, & Amphimacus, auec' cinq mille Cheualiers armés. Du royaume de Lycie le roy Glancon à tout troys mille. De Lichaonie
le roy Euſemus mille Cheualiers. De Lariſſe vindrent les roys Heſtor, & Capidas,
auec' quinze cents cheualiers. De Thabarie Remus, auec' troys mille Cheualiers,
& en ſa compaignie vindrent quatre Ducs, & ſept Contes, qui eſtoient feaulx au
roy Priam. De Trahie les Roys Pilex, & Athamas, auec' vnze cents Cheualiers. Et
d'aultres pays amys, confederés, & alliés au Roy Priam vindrent grands nombres
de Cheualiers, cõme du Royaume de Pãnonie, Boëtje, Burtin, Palfagore, Aethio
pe, Cheres, l'Isle d'Argeme. Et du Royaume d'Aliane vint le roy Epiſtropus, auec'
mille Cheualiers, & amena vng merueilleux Mõſtre, qu'on appelle Sagittaire, qui
eſt cheual, & homme: celluy Monſtre dommagea fort les Grecs, comme ſera dict cy
apres. Ainſi furent aſſemblez les Roys, & Princes deſſus dicts en l'oſt de Priam en
nombre quarante deux mille Cheualiers armés, & bien equippés: ſans ceulx du
Royaume de Troye, & de Inde la mineur.

LEs Grecs ne demeurerēt lōg tēps à Athenes, quãd ilz sceurēt la repon-
se d'Apollo, ains tost apres par le commandement d'Agamennon, au
son des trōpettes ilz se retirerent en leurs nefz, & mōterēt sur mer pour
nauiger, & cōme ilz nauigoiēt cōmença vne tēpeste en la mer, de vent,
de pluie, & detōnoirre si horrible, qu'il n'estoit si hardy en sa cōpaignie
qu'il n'eust paour de morir: car les nefz furēt degetées par la mer, l'une ça, & l'autre
là, & cuydoiēt bien estre tous noyés. Lors dist Calcas à ceulx, qui auec' luy estoiēt q̃
Diane Déesse des Grecs estoit couroucée, par ce qu'au partir d'Athenes ilz ne luy
auoiēt faict sacrifice: & q̃ pour l'appaiser il falloit qu'Agamēnō sacrifiast Iphigenie
sa propre fille, dōt Agamennon fut fort dolent, cōbien qu'a la requeste des Roys, &
Princes de sa cōpaignie, il print sa fille, & la sacrifia à la déesse Diane, & incōtinēt la
tempeste cessa, & deuint laer net, cler, & attrēpé, & la mer fut tranquille, & appaisée.
Ce faict ilz releuerēt leurs voilles, & tāt feirēt, qu'ilz arriuerēt à vng port de Troye,
ou estoit vng chasteau de forte defence, q̃ l'on nommoit Sarrabana, lequel les Grecs
prindrēt d'assault: & cōbien, q̃ les Troyēs qui le gardoiēt se defendissent vaillāmēt,
si furēt ilz toutesfois par les Grecs mis à mort, & le Chasteau pillé, & du tout ruyné.
Apres ce ilz remonterent en leurs nefz, & tant nauigerent qu'ilz arriuerēt au port
de Thenedon. Pres de ce port estoit vne place située, forte & puissante, & munie de
toute chose necessaire aux armes: ceulx, qui la gardoiēt quãd ilz apperceurēt les Gre
geois, sortirēt du chasteau en armes cōtre eulx, & fut aspre & cruelle la meslée, mais
quand le grand effort des Grecs fut descendu des nefz, les Troyens ne peurent plus
souffrir, dōt se prindrēt à fuyr les vngs vers Troye, les aultres en leur chasteau. Lors
les Grecs enuironnerent la place de tous costez, & dresserent leurs eschelles contre
les murs, & ceulx de dedans se deffendoient vaillamment, & les faisoient tresbucher
en leur fossés, les vngs morts, & les aultres naurés: mais les Gregeois ilz montoient
à si grand nombre, qu'a la longue, ilz y entrerent, & tuerent tous les habitans, tant
hommes, que femmes : & rauirent & emporterent toutes les richesses, & iecterent
les murs, & maisons par terre, puis s'en retournerent en leurs nefz.

Omme les Grecs eurent demolis, & abbatus les Chasteaulx, & edifices de Sarrabana, & de Thenedon, Agamennõ chef de l'ost, cõmanda que l'on apportast toutes les richesses, qu'on auoit pillée esdicts Chasteaulx, & les distribua à chascun selon son degré, & ce que luy en pouoit par droict appartenir: & ce faisoit il pour euiter les dissentions, & debats, que cõmunemẽt aduiennent entre gents de guerre pour telle affaire. Ce faict il feit à son de trompe amasser, & conuenir tous les nobles de sa compaignie en la plaine de Thenedon: & apres plusieurs belles remonstrances, & exhortations par luy à eulx faictes, leur dist, qu'il estoit bon d'enuoyer messaigiers à Priam, pour sçauoir si vouloit par amour rendre Helene, & recompenser les dommaiges, & torts qu'auoit faict Paris en Cytharée, & que si ainsi le faisoit Priam, qu'ilz s'en retourneroient sans plus dommaiger son pays. Lors les Grecs tous d'ung accord, esleurent en leurs messaigiers Diomedes, & Vlysses, pour aller à Troye: & quãd ilz y furẽt arriués, Vlysses parla au roy Priam en ceste maniere: Le roy Agamennõ duquel nous sommes messaigiers, te mande par nous, que tu luy enuoye la royne Helene, laquelle par ton filz Paris as fais tollir à son mary Menelaus: & que faces restituer tous les dommaiges, que ton filz a faict en Grece. Priam à ces parolles respondit à Vlysses, que les Grecs tenoient sa sœur Exionne en seruitude, & que les Grecs auoient dict iniures à son ambassadeur Anthenor, en le menassant: parquoy dist Priam, ie vous feroye morir de male mort, si vous n'esties messaigiers. Diomedes lors commença à rire, & dist ainsi: Roy Priam, si tu estoys bien aduisé, tu deusses mettre ordre en ton affaire: car contre les Grecs longuement ne pourras durer, que ne soys destruict, & tous les tiens. Adonc' plusieurs Troyens, entre lesquelz estoit Eneas tirerent leurs espées pour courir sus à Diomedes, & Vlysses: mais Priã les destourna: puis s'en allerent, & cõpterent la response du roy Priam, au Roy Agamennon, dont il fut fort esbahy, si feit rassembler les nobles de son ost, & deuiserent louguement ensemble pour mieulx conduyre leurs affaires, puis qu'ilz estoient certains, que ne leur seroit Helene rendue, sans faire guerre aux Troyens.

A Gamennon,voulant cõduire ſon oſt par meur, & deliberé cõſeil,com
me doibuent faire tous capitaines,& conducteurs de gents d'armes,ne
voulut marcher plus auant ſur les Troyens, qu'il n'euſt proueu à tout
ce qu'eſtoit neceſſaire, pour l'entretenemēt de ſon oſt: & comme ilz
eurent aſſés diuiſé des moyens de commencer leurs batailles,il dit:que
neceſſairement il falloit pourueoir, q̃ l'oſt fuſt ſecouru de viures durãt le ſiege deuãt
Troye,& q̃ pour ce faire il n'y auoit pays plus ſuffiſant, q̃ le royaume de Meſsie,ou
eſtoiẽt biẽs en grãd' abõdance.Pour y aller furẽt esleuz Achilles,& Thelephus,filz
d'Hercules,qui menerẽt auec'eulx mille cheualiers biẽ armés, & equippés de toutes
armes:nõ toutesfoys pour auoir viures du Royaume de Meſsie par force, mais y
alloiẽt à l'intentiõ ſeulemẽt de prẽdre ſeureté de ceulx du pays d'enuoyer viures pour
argẽt en l'oſt des Grecs,pẽdant qu'il ſeroit deuãt troye.Achilles dõc',& Thelephus
acõpaignés des cheualiers deſſus dicts mõterent ſur mer, & tãt feirẽt qu'ilz arriuerẽt
au royaume de Meſsie,ou regnoit vng Roy, qui auoit nõ Theucram,qui y auoit lõ
guemẽt regné en paix.Or cõme Achilles,& les Grecs deſcẽdoiẽt de leurs nefz pour
prẽdre terre,ledict Roy les vint aſſailir auec' grãd' compaignie de gents de guerre à
pied,& à cheual,& fut aſpre,& cruelle la bataille.Achilles voyãt l'effort,q̃ Theucrã
faiſoit ſur ſes gẽts,tãt feit qu'il s'approcha de luy,& luy dõna tant de coups,qu'il l'ab
batit à terre nauré à mort,& l'eut tué,ſi Thelephus ne ſe fuſt mis entre deux: & tant
feit d'armes Achilles,qu'en peu de temps Theucram,& ſes gents furent deſconfitz.
Thelephus,par ce que le Roy Theucram aultresfoys auoit faict plaiſir à Hercules
ſon pere, il garda qu'Achilles ne le miſt à mort du tout, & la bataille finée le feit por
ter en ſon Palays, ou il ſe rendit à la mercy d'Achilles: & voyant qu'il eſtoit nauré à
mort,luy ſouuenant du bon Hercules,diſt à Thelephus,qu'il le cõſtituoit heritier de
ſon Royaume,pour l'amour de feu ſon pere Hercules.Thelephus accepta ce don,&
ſe feit courõner roy de Meſsie,puis feit charger les nefz d'Achilles de viures, & luy
promiſt qu'il en fourniroit l'oſt des Grecs,aux quelz s'en retourna Achilles,& leur
cõpta ce q̃ deſſus eſt dict,dont il fut fort loué d'Agamennõ, & de toute ſa cõpaignie.

Omme les Grecs estoiēt encores au port de Thenedon deuisant entre
eulx de l'ordre, qu'ilz debuoient tenir pour assieger Troye, & se re-
iouissant, que par Thelephus ilz auroient viures suffisammēt, Palame
des filz du Roy Naulus arriua à ce port auec' trēte nefz toutes pleines
de Cheualiers preux & expers aux armes. Cestuy Palamedes estoit le
plus estimé, & le plus riche de Grece apres Agamennon, & estoit homme saige, &
discret: par ce arriué, qui fut, on l'esleut conseiller de l'ost. Les Grecs donc' furēt plusieurs iours, & nuicts au port de Thenedon souuent assemblez pour determiner cōment pour le plus expediant ilz pourroient assieger Troye: & apres plusieurs opinions, ilz s'arresterent au conseil de Dyomedes, qui fut, que sans plus la seiourner ilz
debuoient se mettre en armes pour aller descendre au port de Troye: car (dist Dyomedes aux Grecs) il y a vng an ou plus, que nous sommes en ce port, & si n'auōs esté
iusques à Troye: si nous attendōs plus, ce nous sera vng grand reproche, & signe de
couardie. A ces mots entrerent en leurs nefz, & nauigerēt droict au port de Troye,
& se mistrent en bon ordre les vngs apres les aultres: au premier front mistrent cent
nefz, & cōme ilz s'approchoiēt pour entrer au port, les Troyēs coururēt aux armes,
& monterent sur leurs cheualx, & sans ordonnāce allerent iusques au port. Le roy
Prothesilaus de Philarde estoit chef des cēts premieres nefz, qui mist grād peine de
les mener à port: les vnes furent brisées, & les aultres enfondrées, par ce que le vent
leur estoit fort contraire, dont plusieurs Grecs furent noyés, & perilz en mer: ceulx
qui prindrent terre furent cruellement occis par les Troyens. Toutesfois Prothesilaus print terre maulgré les Troyens, & feit merueilles d'armes, mais ses gents furēt
presque tous tués, & occis, si vindrent à son secours le roy Archelaus, le roy Prothenor, & Palamedes, qui feirent grand effort sur les Troyens, tant que plusieurs furent
morts, & aultres grandement naurés, mesmemēt Palamedes tua Sagamon, frere du
roy Menon. Là suruint Hector filz du roy Priam, qui occit Prothesilaus, & tant
d'aultres des Grecs, que pour ceste premiere bataille, les Grecs furent foibles, & perdirent de leurs gens trop plus, que les Troyens.

Es vngs, & les aultres retraicts, aſçauoir les Troyẽs en leur Cité, & les
Grecs en leur tentes, la nuict paſsée Hector, qui eſtoit chef des Troyẽs
pour ſon pere, bien matin ordõna ſes batailles, en vne grãd' plaine, qui
eſtoit en la Cité, & diſpoſa ſes gẽts en neuf batailles, leſquelles feit con
duire par Paris, & Troilus ſes freres. Le dict Hector conduiſoit la
neufuieſme, & dix de ſes freres baſtards, & auoit en ſa bataille cinq mille Cheualiers
tous à l'eslite. Le tout bien ordonné, Hector diſt à ſon pere: Treſcher pere retenez
auecq' vous mille & cinq cents Cheualiers, & tous ceulx de ceſte Cité, & vous tenez
dehors deuãt les lices des Gregeois, & ne vous en mouuez iuſques à tant q̃ ie le vous
mãderay: affin ſi neceſsité nous ſuruenoit, q̃ vous ſoyez noſtre refuge. Apres ces parolles Hector s'en alla auec' les aultres, & cõbien, qu'il fuſt yſſu dernier de la Cité, ſi
paſſa il toutes les batailles, & ſe miſt en la premiere. Agamẽnon d'aultre coſté ne fut
ocieux: ains incõtinant q̃ le iour commença, il feit de ſes gẽts vingt ſix batailles, en la
premiere deſquelles eſtoit chef Patroclus, & les aultres feit cõduire par roys, & ducs
ainſi q̃ bon leur ſembloit. Lors Hector monté ſur ſon cheual nõmé Galatheã, le plus
fort cheual du monde, s'auança le premier: & Patroclus vint cõtre luy tant cõme ſon
cheual pouoit aller, & le ferit ſi fort de ſa lance, qu'il perſa tout oultre ſon Eſcu, mais
aultre mal ne luy feit. Adonc' Hector aſſaillit Patroclus à l'eſpée, & luy en donna ſi
grãd coup ſur le chief, qu'il le fendit en deux parties, & cheut Patroclus mort à terre.
Hector voulut prẽdre ſes armes, mais de tous coſtés ſuruindrẽt les Grecs ſur luy, tãt
qu'il ne ſçauoit au quel entendre, ſi frappoit à dextre, & à ſeneſtre, & en mettoit pluſieurs par terre, tant Roys, q̃ ſouldoyers. D'une part, & d'aultre venoiẽt les batailles
ſelon leur ordonnãce, tant que la choſe eſtoit inhumaine de l'occiſion, qui s'y faiſoit.
Et comme Hector auoit mis en fuyte les Grecs, & les Troyens cõmençoyent à mettre le feu aux Nauires des Grecs: a la priere d'Aiax Thelamon, filz d'Exionne ſœur
du roy Priam, Hector feit ceſſer la bataille: ce que fut cauſe de toute leur ruyne, car ſi
les Troyens lors euſſent pourſuyuis leurs ennemys, ilz les euſſent deſconfits, & deſchaſſez du pays, ce que depuis ne leur fut poſsible.

Omme le lendemain les Troyens s'armoient pour aller en bataille, les
Grecs enuoyerent des le poinct du iour au roy Priam pour demander
treues deux moys, & elles leur furent accordées. Adonc d'une part, &
d'aultre furent ensepuelis les morts. Achilles feit enterrer le corps de
Patroclus, & ainsi feirent les aultres du roy Prothesilaus, & ceulx, qui
estoient naurez se seirēt guarir. Le roy Priam pareillement feit inhumer l'ung de ses
filz bastards, nommé Cassibilanus au temple de Venus, dont fut mené grand dueil
par toute la Cité: & non pour luy seulemēt, mais les Citoyēs ploroiēt, & gemissoiēt
de leurs parents, & amys, qui desia estoient morts. Ce voyant Cassandra, dist à tous:
O Troyēs rendez Helene, aultremēt serez destruicts, mais on ne tint compte de ses
aduertissements. Les treues finées Agamennon ordonna ses batailles, & donna la
premiere à Achilles, la seconde à Dyomedes, & aux aultres mit conducteurs à son
plaisir. Hector pareillement ordonna les siennes, & donna la premiere à Troilus, les
quelles il feit sortir de la Cité, & se mit en front deuant. Achilles vint contre Hector,
tant que cheual pouoit aller, si furent tous deux abbatus par terre durement. Hector
remonta premier, & passa la bataille de ses ennemys, espenchāt leur sang de tous costes. Quand Achilles fut remonté, il se ferit entre les Troyens, & plusieurs mettoit
soubz le trenchāt de son espée: & tant alla çà & là, qu'il rencontra Hector, & coururent encor' l'ung contre l'aultre, mais Achilles fut rudemēt porté par terre: le quel à
l'aide des Mirmidons fut remonté, & se print cōtre Hector à l'espée, & luy donnoit
de pesants coups, mais Hector, qui estoit dextre, & agile luy donna si grād coup sur
le heaulme, qu'il l'enfondra, & luy feit saillir le sang de la teste. Lors vindrent en la
bataille Dyomedes, Troilus, Menelaus, & Paris: si fut la meslee cruelle pour les
vngs, & les aultres. Hector ne cessoit de occire, & mettre par terre ses ennemys, il sen
dit Bretes iusques au nombril, non obstant ses armes: puis vint cōtre luy le roy Prothenor, qui mit Hector par terre: mais Hector remonte, de toute sa force luy donna
tel coup, qu'il luy fendit le corps en deux parties, dont Achilles mena grand dueil,
car il estoit son parent: ainsi fut la bataille finée au grand dommaige des Grecs.

Oyant Agamennon, que le puissant Hector auoit occis le roy Prothenor, & plusieurs aultres des plus nobles de leur cõpaignie, il feit assembler son cõseil pour deliberer par quelle maniere ilz le pourroiẽt mettre à mort: & disoiẽt bien, que tant, qu'il seroit en vie ilz ne viendroiẽt
à chef de leur entreprinse, mais leur porteroit grand dõmaige. Et pour
ce faire fut commis Achilles tant pour sa force, & dexterité aux armes, que pour son
sens, car il estoit hõme de bon esperit, & Achilles l'entreprint voluntiers. Ce conseil
tenu s'en allerẽt reposer les Grecs iusques au lẽdemain, qu'ilz s'armerẽt dès le poinct
du iour. Et Hector estoit ia yssu de la Cité, & auec' luy Eneas, Paris, Deiphebus, &
Troilus, puis les aultres ensuyuant chascun en son ordre. Lors se ioindirent tous les
Troyens, & cõmença la bataille horrible, & plus cruelle, que les aultres. Paris auec'
les Persiens, qui estoient bons archiers, meirent à mort plusieurs Gregeois. Hector
rencõtra Agamẽnon, & l'abbatit griefuemẽt nauré, & lors Achilles assaillit Hector
& luy donna tant de coups, que par grand' force il luy cassa son heaulme. Eneas, &
Troilus vindrẽt au secours d'Hector, & Dyomedes y suruint, qui s'adressa à Eneas,
& l'abbatit. Hector cõmença d'assaillir Achilles, & bien luy rendit ce qu'il luy auoit
donné, car il le cuyda prẽdre prisonnier: mais Guideus, & Dyomedes coururẽt sus à
Hector, & le naurerẽt griefuemẽt, dont Hector print sa hache d'armes, & en dõna à
Dyomedes si pesant coup, qu'il cheut à terre tout estourdy, lors descendit Troilus
pour le tuer, mais encor' se defendit il vaillãment. Adonc' vindrẽt à la meslée tous les
Roys, & Barõs, tant d'ung costé, q̃ d'aultre. Menelaus, & Paris se rencõtrerent, qui
bien se cogneurẽt, & Menelaus si rudemẽt coucha sa lance contre Paris, qu'il luy feit
playe, & l'abbatit, dõt Paris eut grãd' hõte. Thoas, & Achilles assaillirẽt Hector, &
à force luy arracherent le heaulme de la teste, & le naurerent en plusieurs lieux. A son
secours vindrẽt ses freres bastards, qui occirent plusieurs Grecs, & prindrent le Roy
Thoas prisonnier, & naurerẽt Agamẽnon tellemẽt, qu'il fut porté en sa tente cõme
mort. Hector se mit auãt à la meslee, frappãt à dextre, & à senestre, tant que les Grecs
furent mis en fuyte, & la nuict vint, qui feit finer la bataille pour ceste fois.

A nuict paſſée, le roy Priam ne voulut permettre que les Troyẽs allaſ-
ſent batailler pour ce iour, ains le matin feit aſſembler ſon cõſeil: aſçauoir, Hector, Paris, Troilus, Deiphebus, Eneas, Anthenor, & Polidamas: & leur diſt, que ſon aduis eſtoit de faire morir à tourmẽt le roy
Thoas, dont Eneas luy diſt, qu'il eſtoit plus expedient le garder, que le
faire morir: car ſi vng d'eulx par cas fortuit eſtoit prins priſonnier, on le pourroit ra-
uoir pour Thoas: ainſi pleut ce cõſeil à toute la compaignie, & fut Thoas humainement traicté. La nuict ſuyuãte s'esleua ſi grãd vent, & ſi grãd' pluye deſcẽdit du ciel,
que les tentes des Grecs furẽt verſées, & deſrõpues: ce non obſtãt le matin il s'arme-
rent, & vindrẽt en bataille cõtre les Troyens, qui deſia eſtoiẽt yſſus de la Cité en bon
ordre. Achilles premieremẽt rencontra Huppon, roy de Larriſſe, & l'occit. Hector
des premieres forces occit le roy Athomeus. Dyomedes occit le roy Antipus. Lors
Hector fut aſſailli des roys Epiſtropus, & Cedus, leſquelz cruellemẽt il miſt à mort,
& pluſieurs de leurs gents. Eneas vint au ſecours, & occit Amphimacus. Achilles
occit le roy Philis, dont Hector eut tãt de douleur, qu'en ſon ire il tua les roys d'Ap-
puiſſe, & Doreus, & par ſa puiſſance les Troyẽs recouurerent le champ. Si ſortit de
Troye le roy Epiſtropus auec' troys mille cheualiers, qui le fourrerẽt ſi aſpremẽt entre les Grecs, qu'ilz les feirent reculer. Ceſtuy Epiſtropus amena auec' ſa bende vng
monſtre, nõmé Sagittaire, dont cy deſſus eſt parlé, qui auec' vng arc Turquoys mettoit par terre tous ceulx, qu'il attaindoit de ſes ſaiettes, dõt les Grecs furẽt eſpouëtez.
Dyomedes toutesfoys, qui auoit eſté frappé d'une de ſes ſaiettes, & nauré grieſue-
ment, s'approcha de luy, & du premier coup, qu'il luy donna, l'abbatit mort à terre:
& lors les Grecs recouurerẽt le camp, & feirẽt reculer les Troyẽs. A celle meslee fut
prins priſonnier Anthenor, & enuoyé aux tentes des Grecs, non obſtãt, que Polidamas ſon filz feit merueilles d'armes pour le recouurer, mais il ne peut: car les Grecs
de touts coſtés l'aſſailloient ſi chauldemẽt, qu'il ne ſçauoit au quel entendre. Et ainſi
combatirent à grand dommaige d'une part, & d'aultre iuſques à la nuict, qui les feit
retraire, aſçauoir les Troyens en leur Cité, & les Grecs en leurs Tentes.

A nuict passée, voyant les Grecs, que plusieurs nobles de leur armée,
plus auoiēt necessité de repos, que de trauail, ilz enuoyerēt Dyomedes
& Vlysses vers le roy Priam, pour auoir treues de troys moys. Le roy
Priam assembla son cōseil pour determiner sur ceste affaire: touts furēt
d'opinion, qu'ilz les debuoit accorder, fors Hector, qui disoit, que les
Grecs demandoiēt treues, par ce que les viures leur failloiēt, & durant icelles ilz s'en
pourroient fournir, ce non obstant il ne volut aultremēt cōtredire, tant qu'elles furēt
accordées pour trois moys. Ce pendāt Thoas fut rendu aux Grecs pour Anthenor,
qu'ilz tenoiēt prisonnier, & à la petitiō des Gregeois Briseida fut rēdue à Calcas son
pere, dont fut fort marry Troilus, car il estoit amoureux d'elle. Or durant les dictes
treues, Hector vng iour s'en alla aux tentes des Grecs, ou Achilles le regarda tres vo
luntiers, par ce qu'il ne l'auoit oncques veu desarmé: & à sa requeste Hector s'en alla
en sa tente: & cōme ilz deuisoiēt ensemble, Achilles dist à Hector: I'ay grand plaisir
de te veoir desarmé, par ce qu'oncques ne t'auoye veu: mais encores me viendroit il
plus agré, q̄ tu mourusse par ma main, cōme ie desire: car ie te congnoys estre fort, &
& l'ay esprouué iusques à l'effusiō de mon sang: oultre ce, ie suis dolent, q̄ tu as occis
Patroclus le meilleur de mes amys, dont croys vrayemēt, que tu mourras cest an par
mes mains, aussi sçay ie bien, q̄ tu desires ma mort. Achilles, dist Hector, si ie desire ta
mort il ne t'en fault esbahir, car tu es venu en nostre terre pour destruire moy, & les
miens. Ie veux biē, q̄ tu sçaches, q̄ tes parolles ne crains aulcunemēt, ains ay esperāce,
que dedans deux ans, si ie vis, & mon espée ne me fault, q̄ tu mourras par mes mains,
non pas toy seulement, mais touts les plus grands des Gregeois. Et si te sens si fort,
que tu te puisses defendre cōtre moy, fais q̄ tes Barons accordent, q̄ nous combatons
corps à corps, & s'il aduiēt q̄ tu me vainques, moy & touts mes parēts serōs bānis de
ce Royaume. Et s'il aduiēt, q̄ ie te vainque, fais q̄ touts ceulx de c'est ost se departent,
& nous laisses viure en paix: ce qu'accorda Achilles prōptement, mais les Grecs n'y
voulurent consentir, ne les Troyens pareillement, fors Priam, qui se fioit à la force
d'Hector: ainsi fut leur entreprinse rompue, & Hector s'en retourna à Troye.

Es Treues de troys moys expirées, Hector ordõna ſes batailles, & ſortit le premier de la Cité, acõpaigné de quinze mille combatants. Troilus les ſuyuit auec' dix mille cheualiers. Paris a tout dix mille Archiers, qui bien tiroient de l'arc: apres Deiphebus ſuyuoit auec' troys mille cõbatans: puis Eneas, & tous les aultres en ordre, tant qu'ilz furẽt ce iour de la partie des Troyens cent mille cõbatans. De la partie des Grecs vint tout le premier Menelaus, menãt ſept mille hommes, & les aultres les ſuyuoiẽt par bon ordre auec' ſi grãd' multitude, qu'il n'eſt poſsible de les nõbrer. Le roy Philis s'adreſſa premierement à Hector, qui au rencontrer de la lance abbatit le dict Philis mort à terre. Les cris de ſa mort furẽt grãds entre les Gregeois, & cõmença l'occiſiõ ſi grãde, que c'eſtoit choſe inhumaine à veoir d'une part, & d'aultre. Hector occit le roy Xantipus d'ung coup d'eſpée, dont les Grecs tuerent pluſieurs Troyẽs, tant qu'Hector fut nauré au viſaige, parquoy les Troyens furẽt cõtrains de reculer. Hector voyãt Hecuba ſa mere ſur les murs de la Cité, eut honte d'eſtre reculé, dont entra en la meslée par grand' ire, & tua le roy Menon couſin d'Achilles, qui d'une forte lance courut cõtre Hector pour venger la mort de ſon couſin, mais Hector n'en fut abbatu, ne eſmeu: ſi donna à Achilles ſi grand coup d'eſpée, qu'il feit chanceller hõme, & cheual: là ſuruint Troilus, & ſa cõpaignie, qui tuerẽt pluſieurs des Grecs, tant qu'ilz furent reculez: & lors vint Menelaus, cõtre le quel Adamon coucha ſa lance, & du coup l'abbatit de ſon cheual, & fort nauré au viſaige: puis luy, & Troilus le prindrent pour l'emmener priſonnier, mais Dyomedes, auec' grand' cõpaignie de Cheualiers touts frais les en deſtourba. En ceſte meslée pluſieurs Troyens moururent. Dyomedes abbatit Troilus, & enuoya ſon cheual à Briſeida, de la quelle il eſtoit amoureux. Polidamas qui ſuruint au ſecours de Troilus, abbatit Dyomedes, & dõna ſon cheual à Troilus qui cõbatoit à pied: puis Troilus feit tumber Achilles de ſon cheual, qui tant fut oppreſſé, qu'il eut eſté mort, ou prins, ſi le roy Thelamõ, & le duc d'Athenes ne l'euſſẽt ſecouru. Ceſte bataille dura trente iours en tel eſtat, & y furent occis ſix des filz baſtards du roy Priã, le quel demãda treues pour ſix moys, q̃ luy accorderẽt les Grecs.

Riam donc' voyant ses filz bastards mis à mort, & la plus grande part de ses gēts griefuemēt naurez, demāda aux Grecs Treues de six moys, lesquelles luy furēt accordées. Durāt icelles les naurés seirēt mediciner leurs playes d'une part, & d'aultre: si feirent les Grecs ensepuelir leurs morts, & autāt en feirēt les Troyēs, mesmemēt le roy Priam feit inhumer ses filz bastards richemēt, & honorablemēt. Les six moys expirés ilz recōmencerent à combatre par l'espace de douze iours cōtinuelz du matin iusques au soir. Et lors se print vne grāde mortalité en l'ost des Gregeois, par la grād' chaleur qu'il y faisoit. Et pource furēt cōtrainctes les deux parties se retirer: & demāda Agamēnon treues aux Troyēs, lesquelles luy furēt accordées pour trois moys: lesquelz acōpliz, & reuolus, les Troyēs s'armerēt: & sortit Troilus de la Cité des premiers, pour aller en bataille, puis Eneas, Paris, & tous les princes, qui estoiēt venus en l'ayde des Troyēs chascun en bōne ordōnance. Or Priam māda à Hector, q̄ ce iour il n'allassé en la bataille, par ce q̄ Andromache, femme du dict Hector, dist au roy Priam, qu'elle auoit veu en visiō, q̄ s'il y alloit, qu'il seroit mis à mort, dont Hector fut fort marry, & non obstāt quelque defence, q̄ luy fut faicte, il s'en alla apres les aulttes, & en trouua plusieurs occis, tant d'ung costé, q̄ d'aultre, & plus des Troyēs, q̄ des Grecs: mesmemēt trouua Achilles, qui par grād' roideur frappoit à dextre, & à senestre, si q̄ les Troyēs se misrēt en fuyte vers la Cité, & en celle chasse Achilles occit Margaretō, l'ung des filz bastards du roy Priā. Ce voyāt, Hector leur escria qu'ilz prinssēt coraige, & des premiers coups qu'il dōna, occit Coriphus, & Bastudus, deux nobles ducs de Grece, puis par force entra en la presse, frappāt sans aulcūs espargner, tāt q̄ les Grecs fuyoiēt deuāt luy, & saulua Polidamas de leurs mains. Lors Hector trouua le duc Policeus au quel Achilles auoit promis sa sœur en mariage, & le mit à mort, dōt Achilles iura qu'il s'en vengeroit. Et cōme Hector menoit vng Roy, qu'il auoit prins prisonnier, hors de la presse, ne se donnāt garde de ses ennemys, vint Achilles, qui luy bouta vne lance au trauers du corps par derriere, & l'occit. Lors pour celle malheureuse mort les Troyēs furēt descōfits, & rentrerēt en la Cité portāt le corps du noble Hector.

Vand Hector fut mort, & son corps porté en la Cité, il n'est lãgue, qui sceust dire ne reciter le grand dueil, les grands gemissements, & lamen tions, que furẽt faictes par touts les habitãts de Troye en general, tant petits, que grands. Et quand ilz eurent ploré longuemẽt, les Roys, & Princes porterent le corps au palays d'Ilion, deuant Priam, qui tumba pasmé dessus le corps, & y fut mort, si à force on ne l'eut osté: il ne fault doubter, qu'il mena lors vng pitoyable, & triste dueil, se voyant ainsi priué du plus preux, & ver tueux cheualier de tout le mõde, en qui estoit tout son esperãce, & en qui il se fioyt de toutes ses affaires. Là se trouuerẽt ses freres, la royne Hecube, Andromache, femme d'Hector, auec' ses deux petis filz, les souspirs, & pleurs desquelz on ne sçauroit reci ter ne escripre, tãt estoiẽt grãds, & pleins de pitie. Or pour ce que le corps ne pouoit long tẽps demourer sans corruption, le roy Priã feit faire vne tresriche sepulture sus quatre colũnes d'or esleuée: dessus la quelle feit mettre vng riche tabernacle d'or, & de pierres pretieuses: & aux quatre coings du tabernacle estoiẽt quatre imaiges d'or richemẽt entaillées, & protraictes à la semblãce d'Anges, & au dessus feit eriger vne grãde statue d'or au vif protraicte à la semblãce d'Hector: laquelle statue auoit la face tournée vers les Gregeois, tenãt vne espée nue en la main, & sembloit, qui menaceast les Grecs, & au millieu du tabernacle laisserent les tailleurs vne place vuyde, ou fut mis le corps d'Hector: & feit mettre dessus son chef vng vaiseau pertuisé, plein de fin baulme, qui s'espendoit par touts les mẽbres du corps, & le rẽplissoit on souuent du dict Baulme, par la vertu du quel ne pouoit mal fleurer le corps d'Hector : & ceulx qui le vouloiẽt veoir le veoiẽt, comme s'il fut en vie. Comme ces choses se faisoiẽt les Grecs estoiẽt soigneux d'enterrer leurs morts, & voyant, que plusieurs d'entre eulx estoiẽt fort naurez, ilz enuoyerent à Priã, pour auoir treues de deux moys, lesquelles leur furẽt accordées. Ce pendant Agamẽnon voyant qu'aulcuns par enuie murmu roient contre luy, feit assembler touts les nobles de l'ost des Grecs, & saigemẽt s'ex cusa, leur priant, qu'ilz esleussent vng gouuerneur, qui puisse l'ost cõduire, car il s'en vouloit desister: dont ilz esleurent Palamedes pour leur Duc, & Gouuerneur.

A sepulture d'Hector parfaicte, & les obseques, & solēnités y requises
deuemēt faictes, & honorablemēt celebrées, le roy Priam (les Treues
expirées) desirāt venger la mort de son filz Hector, sortit de sa Cité à
grād equipaige, auec' quatre vingt mille combatants, lesquelz il auoit
distribué par Batailles, mises es mains de bons Capitaines, & conducteurs, expers, & sçauāts aux armes: & luy mesme des premiers marchoit auec' vingt
mille cōbatants: puis le suyuoiēt Paris, Deiphebus, Eneas, Meriō, & Polidamas, &
marcherent en bon ordre iusques aux tentes des Grecs. De la premiere venue Priam
abbatit Palamedes, & faisoit merueilles d'armes, se fourrant à force entre les Gregeois, frappāt à droit & à trauers sur ses ennemys, lesq̄lz il faisoit tresbuscher morts
par terre: tant qu'il estoit difficile à croyre, qu'ung hōme si ancien peut estre si dextre
aux armes cōme il estoit. Le roy Serpedō tua Nepipholomeus, Menelaus, & le duc
d'Athenes occirēt le roy de Perse, & tāt feirēt les Grecs, qu'il enuirōnerēt les Troyēs
de touts costés, lors fut cruelle la meslée. Paris vint au secours auec' grand' cōpaignie
de bōs cheualiers, qui se porterēt si vaillāment, qu'ilz feirēt reculer les Grecs iusques
en leurs tentes. Adonc' se retirerēt les Troyens en leur Cité, & demāda le roy Priam
Treues, lesquelles luy furent accordées. Durant ces treues Priam feit porter le corps
du Roy de Perse en son pays, puis feit celebrer L'anniuersaire d'Hector, selon leur
payenne coustume, & cōme il se celebroit Achilles s'aduisa qu'il yroit à Troye veoir
le tumbeau d'Hector, qu'il auoit occis: si entra au temple tout desarmé, ou estoit la se
pulture du dict Hector. Là estoient la Royne Hecuba, & Polixene sa fille, laq̄lle n'e-
stoit moindre en beaulté qu'Helene: y estoiēt aussi plusieurs nobles Dames, portāts
leurs cheueulx espars sur les espaules pour le grād dueil qu'elles demenoiēt: pour ce
dueil Polixene n'auoit en rien chāgé sa beaulté. Et quād Achilles l'eut regardée longuement, elle luy fut plus à gré que toutes les femmes, qu'il eut iamais veues, dont il
en fut amoureux, & trois iours apres il enuoya dire à la Royne, que s'elle luy vouloit donner sa fille pour femme, qui feroit retourner les Grecs en leurs pays: ce q̄ luy
fut accordé, moyennant que premierement il mit en execution ce qu'uil promettoit.

Chilles donc' pour fournir à la promeſſe, qu'il auoit faicte à la Royne
Hecuba, pour auoir Polixene en mariage, par le cõſeil de Palamedes,
qui lors eſtoit chef de l'oſt, feit aſſembler touts les nobles de la compaignie, auſquelz par belles remõſtrances, & viues raiſons, Achilles s'ef-
força de perſuader de laiſſer Priam en paix: ſi leur diſt manifeſtemẽt, q̃
pluſieurs fẽmes eſtoiẽt autãt belles, & trop plus nobles en Grece, q̃ n'eſtoit Helene,
par ce Menelaus en pourroit recouurer vne en Grece de plus hault linaige, & plus
eſtimée. Oultre ce, leur diſt, qu'il leur debuoit ſuffire d'auoir faict morir Hector, &
pluſieurs nobles des Troyens, & que quãt à ſoy il ſe vouloit deporter de les aſſaillir.
Ces parolles pleurent à aulcuns, mais pluſieurs en murmuroient, qui plainement dirent qu'ilz ne feroient ce qu'auoit dict Achilles, qui toutesfois, non obſtant les mur-
murs, manda aux Mirmidons, qui ne s'armaſſent plus cõtre les Troyens. Les treues
expirées, les Troyens ſortirẽt en bataille ſur les Grecs: Deiphebus du premier coup
abbatit le roy Creſus mort à terre, & furẽt les Grecs mis en ſuyte: mais Palamedes, &
Diomedes leur vindrẽt au ſecours, & le roy Thelamon, qui occit Effronius filz ba-
ſtard de Priam: ce voyãt Deiphebus à ſa grãd' fureur abbatit Thelamõ griefuemẽt
nauré. Palamedes voyãt l'effort de Deiphebus, auec' vne forte lance ſi duremẽt le ferit qu'il luy mit la lance au trauers du corps. Paris print Deiphebus nauré à mort, &
le porta pres de la cité, puis retourna en la bataille, & d'une ſagette enuenimée couppa à Palamedes la principalle veine de la gorge, & cheut mort à terre. Lors touts
les Grecs s'en fuirent, & d'aultre coſté eſtoient allés pluſieurs Troyens, qui auoient
mis le feu en leur Nefz, dont y en eut bien cinq cents bruſlés. Achilles pour l'amour
de Polixene, cõme deſſus eſt dict, ne leur voulut ayder: ainſi fut la bataille finée pour
ceſte fois au grãd dõmaige des Grecs. Les Troyẽs ſe retirerẽt en leur cité, & y porterẽt le corps de Deiphebus, dont demené fut grãd dueil par toute la cité, ſi le feit Priã
enſepuelir honorablemẽt. Le iour enſuyuãt recõmencerent la bataille: & y eut grãd'
occiſion des deux coſtés, & par ce, que les Grecs ne pouoient plus endurer la puãteur
des morts, ilz demanderent treues de deux moys, qui leur furent accordées.

Oyant les Grecs, que Palamedes, qui estoit chef de l'ost, estoit occis, par le cõseil de Nestor, ilz restituerẽt Agamennon en sa dignité cõme deuãt: & les treues expirées cõmencerẽt plusieurs Batailles, qui toutes furẽt faictes au detrimẽt des Grecs, par ce q̃ n'y assistoit Achilles, ne ses Mirmidõs. Agamẽnon se trãsporta en la tente d'Achilles, acõpaigné du duc Nestor, & le pria, que desormais il allast en la bataille, & n'endurasse plus ses gẽts ainsi occire: mais toutes ses raisons n'eurẽt pouoir d'amolir le cueur d'Achilles, ne de luy faire prendre ses armes. Toutesfois, par ce qu'il aymoit Agamennon, il luy accorda, q̃ ses gẽts yroiẽt combatre sans luy. Et cõme les treues furẽt expirées, Agamennon feit marcher ses gẽts en bataille, & Achilles luy enuoya ses Mirmidõs bien armés, & equippés: les Troyens vindrent, & au premier rencõtre Troilus abbatit le duc d'Athenes, & feit morir plusieurs Grecs, mesmemẽt ce iour occit grãd nombre des Mirmidons, lesquelz s'en retournerẽt vers Achilles, qui en trouua plusieurs naurés, & biẽ cent occis. Treues furẽt données pour enterrer les morts, & icelles finées commencerẽt la dixhuitiesme bataille. Archilogus filz du duc Nestor assaillit l'ung des filz bastards du roy Priã, & l'occit, dont Troilus fort courroucé, en sa fureur se mit entre ses ennemys frappãt à dextre, & à senestre, & feit telle occision, q̃ les Grecs se reculerẽt iusques en leurs tẽtes faisant grãds cris, tãt qu'Achilles les oyt, si luy dist vng de ses seruiteurs, q̃ les Troyens mettoiẽt à mort les Grecs en leur tentes, & que luy mesme estoit en denger d'estre par eulx occis. Adonc Achilles oublia Polixene, & se feit armer, puis monta à cheual, & s'en courut tout forsené comme vng Lyon: si se mit en la meslée asprement, & couuroit la terre de ceulx, qu'il abbatoit morts. Et quand Troilus cogneut à l'espée, q̃ c'estoit Achilles, il s'adressa vers luy: lors vindrẽt les Mirmidons à grãd nombre sur Troilus, qui se defendoit le mieulx, qu'il pouoit, mais suruint Achilles, qui de son espée luy coupa la teste, puis par les Mirmidõs feit attacher le corps à la queue de son cheual, & ainsi le traina parmy l'ost. Lors vindrẽt Paris, Eneas, Polidamas, & Menõ, & tãt feirẽt, qu'ilz abbatirẽt Achilles de son cheual, & recouurerent le corps de Troilus: & la bataille finée le reporterent en la Cité.

Oyant le roy Priam, que de iour en iour luy augmētoient ſes douleurs, & q̃ ſes filz eſtoient mis à mort cruelle l'ung apres l'aultre, il ne ſçauoit que penſer, ne quelle ordre mettre en ſes affaires: ſi veoit il bien qu'il au roit mauluaiſe iſſue de ſon entreprinſe, mais il ne trouuoit moyē de s'en pouoir deſiſter, parquoy luy eſtoit force de perſeuerer iuſques à la fin. Il enuoya vers les Grecs pour auoir treues, leſquelles luy furent accordées, & durant icelles feit honorablement enſepuelir le corps de Troilus, & auſsi le corps du Roy Menon. Toute la Cité eſtoit en grand deſcōfort, & deſolation, eſperant plus toſt la mort, que la vie: meſmemēt Hecuba ne ſe pouoit appaiſer, en penſant cōment elle ſe pourroit vēger du traictre Achilles, qui ne luy auoit tenu promeſſe. Finablemēt elle appella Paris, & luy diſt, qu'elle māderoit querre Achilles pour venir parler à elle au temple d'Apollo, & qu'il y eut des vaillants cheualiers en embuſche: & cōme le dict Achilles auoit occis ſes enfants par trahiſon, ainſi vouloit elle, qu'il fut occis. Paris fut diligent d'obeir à ſa mere, & feit cōme elle luy auoit dict. Hecuba manda querir Achilles, le quel vint pour parler à elle, acompaigné d'Archilogus, filz du duc Ne-ſtor: & quand il furent entrés au temple, Paris, & les Troyens, qui eſtoient en embu ſche les aſſaillirent, & leurs iecta Paris trois dards, deſquelz il naura duremēt Achil-les, qui de ſon eſpée tua ſept des gents de Paris, mais à la fin il fut occis, & le filz du duc Neſtor Archilogus, dont furent treſdolents touts les Grecs, leſquelz par le con ſeil d'Aiax enuoierent querre Pirrhus, filz d'Achilles, pour venir venger la mort de ſon pere. Or le neufieſme iour de Iuing, q̃ les treues furēt expirées, recōmencerent les Troyēs à cōbatre cōtre les Grecs, & ce iour Aiax alla en la bataille eſtāt deſarmé, les Troyēs n'eſtoiēt ſi hardis, q̃ deuāt, car ilz auoiēt perdus leurs meilleurs cōbatāts. Et cōbien qu'Aiax ne fut arme, ſi feit il morir pluſieurs Troyēs, & feit prēdre la fuyte à ceulx de Perſe, & en miſt pluſieurs à mort. Adonc' Paris d'une ſagette enuenimée na ura Aiax à mort: & Aiax ſentant ſa mort approcher, vint ſus Paris, & de ſon eſpée l'abbatit mort à terre, puis de l'aultre coſté tumba Aiax mort de la Sagette de Paris. La nuict venue ſe departirēt les deux parties, & fut porté le corps de Paris à Troye.

OR n'eſt il cueur, qui ſceut penſer, ne langue, qui ſceut exprimer les lamentations, & pleurs, que feirēt Priam, ſa femme, ſes filles, Helene, &
en general touts les habitãts de Troye pour la mort de Paris. Le Roy
feit enterrer le corps treshonorablemēt en vne riche ſepulture, qui feit
mettre au temple de Iuno. Ce faiĉt les portes de Troye furent fermées,
& oncques ne furent ouuertes durant trois moys. Agamēnon ſouuent mandoit au
roy, qu'il enuoya ſes gents en bataille : mais le roy Priam doubtant ce, qu'il veoit luy
aduenir, ne permettoit qu'àulcun y ſiſt de la Cité : ſi faiſoit faire bon guet ſus les murailles, en attendant ſecours de la royne d'Amaſonie, nommée Pentheſilée. En ceſte
prouince, lors n'y habitoiēt aultres gēts, que femmes, qui eſtoiēt duiĉtes, & expertes
aux armes. Et pres de la diĉte prouince eſtoit vne Isle, ou les hommes demouroient,
& auoient accouſtumé les diĉtes femmes les aller veoir trois moys de l'an, aſçauoir
Apuril, May, & Iuing, pour auoir leur compaignie. La diĉte royne Pentheſilée aymoit grãdement Hectŏr, pour la bōne renōmée qu'elle auoit ouy de luy : pēſant dōc'
qu'il fut encores en vie, & ſçachãt, q̃ les Grecs auoiēt aſsiegé Troye, vint au ſecours
du roy Priam, & amena auec' elle mille pucelles. Et quand elle fut arriuée à Troye,
& elle ſceut la mort d'Hectŏr, elle fut treſdolente, & gueres ne demoura en la Cité,
mais incōtinent ſortit en bataille cōtre les Grecs eſperãt venger la mort d'Hectŏr : &
de la premiere venue, rencōtra Meneſteus, le quel elle mit par terre, & dōna ſon cheual, à ſes pucelles, puis elle oſta l'eſcu à Dyomedes, & porta Thelamon par terre : &
furēt les Grecs chaſſés iuſques à leur tētes. Menelaus lors reuint de Grece, & amena
Pirrhus, filz d'Achilles, qui venoit pour venger la mort de ſon pere. Ce Pirrhus le
lendemain print les armes de ſon pere, & vint en bataille, & de premier aſſault abba
tit Polidamas, & le Roy Philimenis : & occit Glancon, frere de Polidamas. Lors
vint Pentheſilée contre Pirrhus, & ſi roidement coucha la lance contre luy, qu'elle
luy entra au corps, & en demeura vng bout dedens le corps. Pirrhus adonc' tout
forſené s'approcha d'elle, & d'ung coup de l'eſpée d'Achilles l'abbatit morte à terre.
Ce faiĉt, les Troyens à haſte ſe retirerent en leur Cité.

Ous laisserons à penser, & considerer aux Lecteurs, quelz regrets, &
doleances pouoiēt faire les habitants de la noble Cité de Troye, voyāt
que fortune de iour en iour les soubmettoit à leurs ennemys mortelz:
& qu'il n'estoit si fort, ne si puissant de leur costé, qui puisse à eulx resister: ains mettoient à mort les plus nobles, & les plus forts du monde.
Par ce les Troyens priuez de toute ioye, & esperance, s'enfermerēt en leur Cité n'attendant que la mort. Mesmement le poure roy Priam ne sçauoit plus de quelle part
il se debuoit tenir, tant estoit son esperit plein de tristesse, & angoisses, voyant aper-
tement, que par folle entreprinse, il attēdoit vne malheureuse, & cruelle mort, luy, &
touts les siens. Et cōme son filz bastard Amphimacus le cōsoloit par belles, & doulces parolles, les traictres pernicieux, asçauoir Anchises, Eneas, Anthenor, & son filz
Polidamas d'aultre costé tenoient leur cōseil: si cōclurent entre eulx, que si les Grecs
leur vouloient sauluer leur vie, celle de leurs familles, & tous leurs biens, ilz leurs li-
ureroient la Cité de Troye, pour en faire à leur plaisir. Ceste cōclusion prinse, & deliberée, cōme faulx, & desloyaulx vindrēt à Priam pour luy cōseiller de faire la paix
auec' les Grecs, en leur rendant Helene, & le dommaige, que Paris feit en Cytharée:
ce dirent les dessusdicts non pour auoir paix, mais pour auoir moyen de parler aux
Grecs, & leur dire leur inique, & meschante volunté: car ilz sçauoient bien, que tous
les biens du monde ne pouoient appaiser, ne recōpenser les Grecs, de la perte de tant
de nobles, & vaillāts Roys, Ducs, & Cheualiers, qui auoiēt esté occis deuāt Troye.
Lors quand Priam les entendit parler de prochasser la paix auec' les Grecs, il se pēsa
qu'ilz ne le disoient, que par felonnie, & mauluaise intention, si les renuoya le Roy
Priam pour ceste fois, & leur dist, qu'il s'en conseilleroit à aultres: mais Anthenor ne
voulut partir de sa presence, qu'il ne luy eut dict, que c'estoit chose, qui debuoit faire
pour son profit, & aussi des habitants de la Cité, par ce ne debuoit chercher aultre
conseil: oultre ce, dist au Roy pleinemēt, que s'il ne vouloit faire la paix, & accorder
à leurs dicts, qu'ilz la feroient sans luy : ainsi se partirent Eneas, & Anthenor de la
presence du roy Priam mal contents : & quand ilz s'en furent allés, le poure Priam
preuoyant directement leur meschante, & inique entreprinse, commença de plorer
amerement. Le iour ensuyuant Priam manda tous les Troyens à conseil, & quand
ilz furent assemblez deuant luy, Eneas se leua, & admonnesta de faire paix aux Gregeois: à quoy tous les Troyens s'accorderent: & lors le poure Priam oultre son gré,
dist à Eneas: Soit faict tout ce, q̄ voyez estre expediēt pour la paix, & le tiēdray pour
aggreable. Adonc' Anthenor, & Eneas, par le consentement de tous s'en allerent à
Agamēnon, portants en leurs mains vne branche en signe de paix. Agamēnon cō-
mist toute l'affaire au Roy de Crete, à Dyomedes, & Vlysses, & promirent touts les
Grecs de ratifier ce qu'ilz en feroyēt auec' Anthenor, & Eneas. Quãd ces cinq furēt
asēblez, Anthenor, & Eneas promirēt de leur deliurer la cité de Troye, mais qu'ilz
volsissent les asseurer, & tous ceulx de leur parenté. Ces troys Roys leurs iurerent
qu'ainsi le feroiēt. Apres leur parlemēt Vlysses, & Dyomedes vindrēt a Troye auec'
Anthenor, & Eneas: & quãd tous les Troyēs furēt assemblez, Vlysses parla, & dist:
q̄ les Grecs demādoient deux choses: asçauoir Helene, & la restitutiō de touts les dōmaiges, q̄ Paris auoit fait en Cytharée. Puis Anthenor tira à part Vlysses, & faisant
semblant de luy parler des dōmaiges, qu'ilz demandoiēt, il luy parla du Palladium,
le quel falloit oster hors de la Cité, auant q̄ la pouoir liurer cōme ilz auoiēt promis.

La totale, & derniere Euersion de Troye la Grande.

Vand Diomedes, & Vlyſſes furent retournés en leur oſt, Anthenor
s'en alla au Roy Priam, pour luy declarer la volunté des Grecs, ſi feit
aſſembler touts ſes gents au conſeil, puis Anthenor leur diſt, que pour
paruenir à la paix les Grecs demandoiět vingt mille marcs d'or, & autant dargent: & cent mille muys de froment : & lors qu'ilz les auront,
feront ſeureté de paix. Et cõme Priam, & les principaulx ordonnoient pour fournir
ceſte ſomme, Anthenor ſecrettemět s'en alla au preſtre, qui gardoit le Palladium, &
luy porta grande quantité d'or, & d'argent, & feit tant, que par ſes dons, & ſes fallacieux blandiſſements, le Preſtre luy donna le Palladium, lequel il enuoya celle nuiĉt
meſme à Vlyſſes, ſi courut le bruiĉt, que Vlyſſes par ſa ſubtilité auoit emporté le Pal
ladium. Or cõme les Troyens aſſembloient leurs tributs au temple de Minerue, ilz
tuerent pluſieurs beſtes pour faire ſacrifice aux Dieux, mais deux choſes leur aduindrent. Premieremět, ilz ne peurent oncques allumer le feu. Secondemět, vng grand
Aigle deſcědit de laer & faiſant grand cry, rauit les entrailles des beſtes, & les porta
dedans les Nauires des Grecs, leſquelz demanderent à Calcas, que ces choſes ſigni-
fioient, & il leur diſt, que la Tradition de la Cité de Troye approchoit: & oultre leur
conſeilla, qu'ilz feiſſent faire vng Cheual de fuſt, ſi grand, qu'il y peult tenir mille che
ualiers touts armés, leur diſant, que c'eſtoit le plaiſir des Dieux. Ce cheual fut fait par
vng maiſtre, nõmé Apius, bien expert en ſon art, & le feit ſi ſubtilement, que par dehors on n'y veoit n'entrée, n'iſſue. Quand ce cheual fut parfaiĉt, & furent mis dedans
mille Cheualiers bien armés, vint le iour, que les Grecs debuoient iurer par fiĉtion la
paix à plains champs deſſus les ſainĉtuaires, le roy Priam ſortit de ſa Cité, & ſes gěts:
Et iura Dyomedes premier pour les Grecs, apres luy iurerět touts les Roys, & Prin
ces de Grece faulſemět, & meſchãment. Et lors le roy Priã, & les Troyens iurerět en
bõne Foy, ignorãt la grãd' traditiõ. Les ſerměts ainſi faiĉts, le roy Priã rědit Helene
à Menelaus, & adõc' les Grecs prierět à Priã, qu'il permiſt mettre le Cheual deděs le
těple pour reſtitutiõ du Palladium, affin q̃ la deeſſe Pallas leur fuſt propice en leur re
tour. Et quãd Priã leur eut permis ilz ſe miſrět touts en deuotiõ, & à force de cordes
fut le cheual trainé iuſques deuãt la porte de la cité, & tãt eſtoit grãd, q̃ pour le mettre
deděs, il cõuint abbatre des murs en lõgueur & en haulteur, & le receurět les Troyěs
à grãd' ioye: mais la couſtume de fortune eſt telle, que grand' ioye ſouuět fine par triſteſſe. En ce cheual eſtoit vng hõme ſubtil nõmé Sinon, leq̃l ſi toſt, qu'il ſortiroit du
diĉt cheual debuoit donner ſigne de feu à ceulx qui eſtoiět aux chãps, pour entrer en
la Cité, & mettre tout à deſtruĉtion. Ce iour meſme les Grecs faiſoient ſemblant de
preparer leurs Nefz pour departir, dont les Troyens voyant les voiles leuées furent
treſioyeux, & ſoupperět ce iour à grãd' lieſſe. La nuiĉt venue les Grecs deſcendirent
leurs voilles, & touts armés s'approcherent de la Cité, & peu apres Sinon deſcendit
du cheual, & alluma ſon feu, & le mõſtra aux Grecs, qui eſtoiět dehors, & incõtinant
ilz entrerět en la Cité par la porte, qui fut rõpue pour entrer le cheual de boys : & les
mille cheualiers y ſirět hors, & ou ilz trouuoiět les Troyens ilz les mettoiět à mort,
femmes, & enfants, tant q̃ le cry fut ſi grãd par toute la cité, q̃ le Roy, qui eſtoit en ſon
chaſteau ouyt le bruyt, & cogneut lors, qu'Eneas, & Anthenor l'auoiět trahi. Adõc'
Pirrhus cõduiĉt par iceulx traiſtres vint au chaſteau d'Iliõ, & trouua le roy Priam au
temple d'Apollo, leq̃l fut mis à mort. La royne, & ſa fille Polixene s'enfuirent, & les
Grecs s'amuſoiět à piller, & abbatre la cité: & cõme elle fut demolie, & eurět pillé, &
emporté toutes les richeſſes, ilz ſe retirerět en leurs nefz pour s'en retourner en grece.

k

APres donc', que Troye fut arfe & pillée, Agamēnon feit affembler tous les nobles de fa cōpaignie au temple de Minerue, & traiƈterent de plufieurs affaires. Premieremēt de diftribuer leur butin à chafcun felon fa deferte. Secondement de tenir promeffe aux traiƈtres, afçauoir Anthenor, & Eneas: dont les vngs dirent, qu'Helene debuoit morir de mort cruelle, par ce qu'elle eftoit caufe de la mort de deux cents mille nobles Cheualiers: mais tant feit Agamēnon, & Vlyffes, qu'elle fut rendue faulue à Menelaus. Ces chofes faiƈtes les Grecs voulurent entrer en leurs Nefz pour nauiger, mais la tempefte, & tormēte s'efleua fi grande, qu'il fut vng moys entier auant, qu'il feit bon nauiger: fi leur dift Calcas, qu'il cōuenoit pour appaifer l'ire des Dieux, faire facrifice de Polixene, pour laquelle Achilles auoit efte occis au tēple d'Apollo. Lors Pirrhus emmena Polixene fus le fepulchre d'Achilles, de la mort du quel elle eftoit innocente: toutesfois là par grande cruaulté luy couppa la tefte, dont Hecuba la poure, & infortunée mere deuint incēfée, & enragée, tant que les Grecs la feirēt lapider, & occir. Et lors Thelamon feit fa querelle deuant Agamennon, difant qu'il debuoit auoir le Palladium, & non Vlyffes: car en Vlyffes n'eftoit, ne vaillance, ne proeffe, dift Thelamon, parquoy il deuft eftre remuneré d'une chofe de fi grād pris. A ces parolles refpondit Vlyffes, que par fon fens il auoit cōquis le Palladiū, & non point Thelamō par fa proeffe: & apres plufieurs parolles Agamēnon, & Menelaus conclurent, q̄ le Palladium demoureroit à Vlyffes: dont Thelamon menaça Vlyffes de mort: fi aduint, q̄ le lendemain on trouua Thelamō occis en fon liƈt, dōt Pirrhus dift plufieurs iniures à Vlyffes, qui fe doubtāt s'enfuit de nuiƈt. Et ce iour les Grecs bānirēt Eneas de la Cité de Troye: & apres Anthenor en fut ieƈte hors par les Troyēs, pour la trahifon, qu'il auoit faiƈte: ainfi furēt remunerés les iniques, & malheureux traiƈtres felō leur deferte. Et cōme les Grecs fe furēt mis fur mer, & eurēt nauigé quatre iours, la tēpefte les furprint fi impetueufemēt, que plufieurs furēt perilz, & noyés, & leurs nefz par fouldre bruslees, dont les richeffes de Troye furēt perdues. Mefmemēt Oylius Aiax, celle nuiƈt perdit trente deux nefz, & à force de bras fe faulua fur le grauier.

E N ce temps regnoit le Roy Naulus riche, & puissant, & sur la mer de
Grece vers Septentrion estoit son Royaume plein de grandes roches,
& de plusieurs montaignes de sablon fort perilleuses. Ce Roy fut pere
de Palamedes, qui fut occit deuãt Troye par Paris, & auoit encor'vng
filz, nōmé Cetus. Or y eut aulcuns enuieux, qui donnerẽt à entendre à
Naulus, & à Cetus son filz, que Vlysses, Dyomedes, & Agamẽnon auoiẽt faict mo
rir secrettemẽt le dict Palamedes, dont Naulus fut fort marry : & cōmencerent luy,
& Cetus à penser cōment ilz se pourroiẽt vẽger des Grecs, lesquelz debuoiẽt passer
pres de leur Royaume. Si feit crier Naulus, que l'on feit grãds feus toutes les nuicts
dessus les mōtaignes, qui estoiẽt pres de la mer : & ce faisoit il affin, q̃ quãd les Grecs
verroiẽt le feu par nuict, qu'ilz venissent celle part, cuidant trouuer bon port, & s'ilz
venoient, ilz trouueroiẽt les roches, & les montaignes, si n'en pourroient eschapper
sans mort. Il fut faict cōme Naulus l'auoit cōmande, & furent bien deux cents Nefz
rōpues cōtre les roches, & touts ceulx de dedens les Nefz furẽt noyés. Quãd les der
niers ouyrẽt le bruyt des nefz, qui se brisoiẽt, & le cry de ceulx, qui se nioyẽt, ilz tour
nerẽt d'aultre part, & se sauluerẽt : desquelz estoiẽt Agamẽnon, Menelaus, & Diomedes, & aulcũs aultres, dōt Naulus, & Cetus furẽt dolẽts, mesmemẽt quãd ilz sceu
rẽt qu'Agamẽnon auoit echappé : si penserẽt longuemẽt vng aultre moyẽ pour se vẽ
ger de luy : tãt q̃ Cetus par faulses letres mãda à Clitennestra femme du dict Agamẽnon, q̃ Agamennon auoit espousé vne des filles du roy Priã, la quelle il vouloit faire
Royne, ce q̃ tãtost creut Clitennestra, & en remercia Cetus, puis pẽsa, q̃ s'elle pouoit
elle se vẽgeroit de son mary : & en l'absence de luy elle s'enamoura d'ung nōmé Egistus, du quel elle eut vne fille nōmée Erigona, & l'aymoit trop plus q̃ iamais n'auoit
aymé son mary, parquoy Clitẽnestra, & Egistus accorderẽt ensemble, q̃ la premiere
nuict qu'Agamẽnon coucheroit auec' elle, ilz l'occiroiẽt. Or quand Agamẽnon fut
venu de Troye, Clitennestra faisant semblant d'estre ioyeuse de sa venue, luy feit bō
ne chere. La nuict venue Agamẽnon s'en alla coucher auec' elle, & comme il fut en-
dormy, vint le dict Egistus, qui à l'aide de Clitennestra tua Agamẽnon en son lict.

HOreſtes, filz du roy Agamēnon en l'eage de vingt quatre ans fut faict cheualier par le roy Ydumeus, qui l'auoit nourry depuis qu'Agamennon partit pour aller deuāt Troye. En ceſte nouuelle cheualerie furent touts les Roys, & Princes du pays, & y fut faicte grand' feſte, laquelle finée, Horeſtes pria le roy Ydumeus, qu'il luy baillaſt ſecours pour vēger la mort de ſon pere Agamēnon, le quel luy dōna deux mille trois cēts cheualiers, auec' leſquelz il s'en alla aſſaillir la cité de Michaines, ou ſe tenoit ſa mere Clitēneſtra & au quinzieſme iour la print d'aſſault: auſi Egiſtus, qui eſtoit allé querir ſecours fut prins par les dicts Cheualiers, & les mains liées fut mené deuant Horeſtes, qui pour ce iour le feit mettre en priſon, & Clitēneſtra auſi. Le lendemain Horeſtes feit amener Clitēneſtra ſa mere deuant luy toute nue les mains liées : & ſi toſt qu'il la veit luy courut ſus, & de ſon eſpée luy trencha les deux māmelles, & l'occit de ſes mains, & la feit trainer aux champs pour mēger aux chiēs. Apres il feit deſpouiller Egiſtus & trainer parmy la Cité, & puis le feit pēdre à vne fourche, & les aultres pareillemēt: & ainſi vengea la mort de ſon pere Agamēnon. Or en ce tēps Vlyſſes perdit par pluſieurs fois touts ſes biens ſur mer, & paſſant par le Royaume de Ydumeus, luy furent dōnées deux nefz, auec' les quelles il s'en alla au royaume d'Anthenor, qui le receut à grand' ioye. Là fut dict à Vlyſſes, que pluſieurs notables hōmes, & grāds ſeigneurs auoient requiſe ſa femme de ſon deshonneur, mais qu'elle n'auoit voulu obtemperer à leurs voluntés, & ſi aulcuns tenoient vne partie de ſa terre contre ſon gré, dont Vlyſſes pria à Anthenor, qu'il luy tint cōpaignie iuſques à ſon Royaume auec' ſes gēts d'armes, ce q̃ feit Anthenor de bon cueur, & uauigerent tant qu'en vne nuict ilz arriuerēt, & entrerēt en ſa cité, & és maiſons de leurs ennemys, & les occirēt tous: & le lēdemain Vlyſſes ainſi acōpaigné entra en ſon palays, ou y fut receu treshonorablemēt, & fut demenée grād ioye par Penelopé à la venue de ſon mary. Là vindrent touts les ſubiects d'Vlyſſes, & luy aportoiēt de grāds dons. Le roy Anthenor dōna ſa fille Nauſica en mariage à Thelamotus filz d'Vlyſſes: & les ſolēnités des nopces accomplies, il s'en retourna en ſon pays, & Vlyſſes demoura au ſien en grand' paix.

Irrhus, qui fut filz d’Achilles, & de Diademe la fille de Lichomedes, qui fut filz du roy Achaſtus, qui eſtoit ancien, & hayoit fort Pirrhus, l’hiſtoire toutesfois ne dict pas la cauſe de ceſte haine. Ce roy Achaſtus pendant, que les Grecs eſtoiët deuāt Troye, par ſes filz aſçauoir Philiſtenes, & Menalippus feit expulſer Peleus hors de ſon Royaume de Theſſalie: & miſt en pluſieurs lieux eſpies pour occir Pirrhus, quand il retourneroit de Troye. Or comme le dict Pirrhus eut eſchappé les grāds perilz de mer il arriua au Royaume de Moloſſe, ou luy fut dict, q̄ le roy Achaſtus auoit exilé, & priué Peleus de ſon Royaume de Theſſalie. Ceſtuy Peleus eſtoit oncle de Pirrhus, dont il auoit du tout mis en luy ſon eſperāce pour ſe venger du roy Achaſtus, & attendant ſon retour de Troye, s’en alla le dict Peleus abſcōſer en vng vieu edifice, qui eſtoit pres de Theſſalie. Or voyant Pirrhus, qui ſeiournoit en Moloſſe, qu’il n’eſtoit nouuelle de Peleus ſon oncle, en intētion de le vēger du roy Achaſtus ſe mit ſur mer, & droict nauigea en Theſſalie, ou il occit Philiſtenes, & Menalippus les filz d’Achaſtus, leq̄l auſſi Pirrhus eut occis, mais Thetis ſœur d’Achilles ſon pere, luy diſt, qu’il luy debuoit ſuffire d’auoir tué ſes deux oncles: lors à ſes parolles Pirrhus pardonna à Achaſtus, & Achaſtus pardonna à Peleus; & par le cōſentement du dict Peleus, & Achaſtus fut Pirrhus couronné Roy de Theſſalie: & quād il ſe veit esleué en ſi haulte ſeigneurie, il s’en amoura de Hermione, fille de la Royne Helene, & femme du noble Horeſtes, ſi feit tāt, qu’il la rauit, & l’emmena en Theſſalie, & la print à femme, dont Horeſtes fut fort troublé, ſi diſt, qu’il s’envēgeroit. Or ces choſes faictes Pirrhus s’en alla en Delphos pour regratier ſon Dieu Apollin, de ce, qu’il auoit vēgé la mort de ſon pere Achilles, & laiſſa en ſon palays Andromache, fēme de feu le noble Hector de Troye, la quelle eſtoit enceincte de Pirrhus, dōt Hermione fut mal cōtente: icelle Andromache enfanta d’ung filz, qui fut nommé Achilleides, qui fut apres Roy de Moloſſe. Et pour retourner à noſtre propos, Horeſtes fut aduerty, q̄ Pirrhus eſtoit allé en Delphos, il s’y en alla, & là occit Pirrhus, & ſes gents, puis s’en vint en Theſſalie, & retrouua ſa femme Hermione, & l’emmena en ſon Royaume.

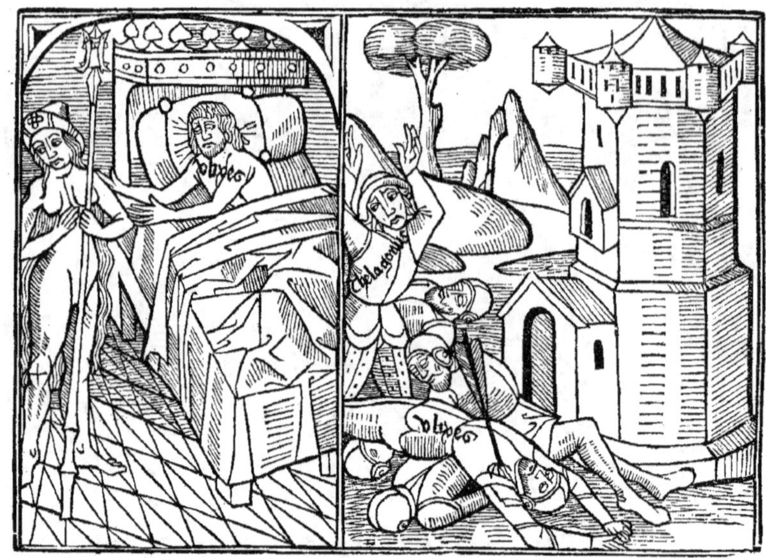

Omme le saige, & subtil Roy Vlysses dormoit en son lict, il eut vne
merueilleuse visiõ: & luy sembloit, qu'il veoit vne imaige la plus belle,
& la mieulx protraicte, que oncques fut veue, & desiroit fort d'attou-
cher à celle imaige, & la vouloit embrasser : mais elle ne le vouloit souffrir. Quand Vlysses fut esueillé, pẽsant, que ce pouoit signifier, manda
querir les Deuins, & les Saiges de son Royaume, qui luy dirẽt, q̃ celle visiõ signifioit
q̃ son propre filz l'occiroit, ou l'enuoyroit en exil. Vlysses de ceste visiõ ayãt paour,
esleut vng lieu seul, & loing de gents, ou il alla demourer auec' aulcuns de ses feaulx
amys: & là ne pouoit on aller sans passer vng dangereux pont, ou estoiẽt gardes cõti
nuelemẽt, affin q̃ nul n'allast veoir Vlysses. Or aduint, q̃ fortune au retour de Troye
mena Vlysses en vne Isle, ou la royne Circes demouroit, laq̃lle sçauoit plus d'enchã-
tement, q̃ femme du mõde: & par son art retint Vlysses pres d'ung an auec' elle, & en
eut Vlysses vng filz, nõmé Thelagonus. Et en ce temps, q̃ Vlysses fut retiré pour la
sus dicte visiõ, Thelagonus son filz ne sçauoit encor', qui estoit son pere. Et quand il
fut en l'eage de porter armes, il demanda instamment à Circes sa mere, qui estoit son
pere, & s'il estoit en vie, & ou il demouroit: & tant l'en pria, qu'elle luy dist, q̃ le Roy
Vlysses estoit son pere, & luy dist, ou il demouroit. Lors Thelagonus print congé
de sa mere: & tant feit par ses iournées, qu'il vint au lieu ou se tenoit son pere Vlysses:
& cõme il voulut passer le pont les gardes le repousserent rudement, dont il courut à
l'ung d'eulx, & luy donna si grãd coup, quil l'abbatit mort à terre, & assaillit les aultres, & en occit quinze, dont oyãt le bruyt Vlysses y vint, & Thelagonus, qu'il ne le
cognoissoit, luy iecta vng dard, & l'abbtit nauré à mort: puis quand il sceut, que c'e-
stoit Vlysses son pere, il demena vng tresgrãd dueil, souhaitãt morir auec' luy : mais
quãd Vlysses sceut, q̃ c'estoit son filz, il le reconforta, & enuoya querir son aultre filz
Thelamotus, lequel arriué qu'il fut, voulut occire Thelagonus pour venger la mort
de son pere, mais Vlysses le rapaisa, & luy dist, qu'il estoit son frere, & leur pria, qu'ilz
s'entreaymassẽt cõme freres doibuent faire. Ces choses faictes Vlysses fut remené en
Achaie, ou il vesquit trois iours, & mourut en l'eage de quatre vingts treze ans.

Fin du Recueil des Hiſtoyres,

& ſingularités de Troye, nouuellement
abbregé,& de belles,& elegan-
tes Hiſtoires enrichy.